The 4 Stages of Psychological Safety

Defining the Path to Inclusion and Innovation

4段階で実現する心理的安全性

ティモシー・R・クラーク

訳 長谷川圭

日経BP

トレイシーへ

目次

4段階で実現する
心理的安全性

＊本文中の〔　〕は訳注です。

日本の読者の皆さんへ

私はこれまで、リーダーシップの専門家として世界各国を渡り歩きながら、異なる文化や背景を持つ人々と仕事をしてきた。その経験を通じて、人類に対して深い尊敬の念を抱くとともに、誰もが同じ基本的なニーズを満たそうとしていることに気がついた。文化こそ人それぞれ違っても、ニーズは同じだ。

文化は強い力を持つと同時に複雑な概念であり、厳密に定義するのは難しい。文化を構成するのは、価値観、前提、信念、態度、行動、伝統、習慣、儀式、風習、工芸品、言語といったものだ。ここではひとまず、文化を「私たちの交流の仕方」とシンプルに定義しておく。こういう定義をするのは、文化の重要要素はすべて、人と人とが交流するときに表に出てくるからだ。

人間にとっての文化とは、魚にとっての水と同じようなものだ。私たちは文化を内包しながら、文化に囲まれてもいる。実際、文化の外に出ることも、文化を取り除くこともできない。文化から逃れられる人などいない。私たちは文化を形づくり、文化は私たちを形づくる。ただし、どの文化に属している人でも、文化に対して何もしないでいるか、自らの望む形につくり変えるかの選択はできる。わかりやすく言い換えれば、「偶然」か「意図的」かを選べるということだ。私は、意図的につくり変えるほうを勧めたい。何もしないでいると、大抵の場合、誰も望まない文化が形成されてしまうからだ。

以前、小さな経営コンサルティング会社のＣＥＯを務めたことがある。仕事を始めてまもなく、私を雇ったのが大槻《おおつき》忠男《ただお》という人物だと知った。大槻氏は日本人で、東京に住んでいた。日本のビジネスでは上下関係が重視されると何かで読んだことがあったので、少々不安だった。上下関係、肩書、地位、権威を中心とした人間関係が求められると思ったからだ。実際、日本社会について書かれた本に、こんな注意書きがあった。「トップの考えに反対することは、非礼な行いと受け取られる」。これには困った。ときには不興を買ってでも自分の意見を述べなければ、仕事などできるわけがない。しかし、私の不安はいい意味で裏切られた。

初めて会った大槻氏は私に、「やあ、ティム。私のことはタッドと呼んでほしい」

と親しげに挨拶してくれた。オープンかつ協力的、しかも謙虚な態度でスタッフを引っ張っていく彼の姿は、私にとって衝撃的だった。CEOを4回務め、ペプシコーラ・ジャパンの元社長でもあったタッドは、私から失敗に対する恐怖心を取り除いてくれるとともに、私が安心して能力を発揮し、学び、貢献し、現状に異議を唱えられるようにしてくれた。タッドは優れたビジネスセンス、スキル、経験を持ちながら、一方で、自分にとって最も重要な役割は「文化の設計者」になって、どんな人も受け入れられるインクルージョンの聖域とイノベーションの生まれる環境を創り出すことであると理解していた。

働き始めてすぐに、タッドの協力的な姿勢が嘘偽りのないものだとわかった。タッドは、自分は何もかもわかっているわけではないと自覚していたし、わかっているふりをすることもなかった。そして、私に勇気を出して自分の意見を言える環境を整えてくれた。アイデアを重視し、実力主義を貫き、肩書や地位や権威にこだわらなかった。私の弱さを理解したうえで、恐怖心を心理的安全性に置き換えてくれた。

タッドは多国籍企業で働いた経験から、多様で専門性の高いチームは、心理的安全性という潤滑油で満たされないとイノベーションを起こせないことを学んでいた。また、イノベーションの実現はインクルージョンなしには果たせず、そのためには未知の分野を探求する必要があり、さらにそこでは常に知的摩擦が伴うことも理解していた。彼は私に積極性を求めたが、積極的に行動しやすい環境をつくってくれたのも彼だった。もちろん、私があまり良くないアイデアを出したり、実りの少ない提案をしたり、行き詰まったりすることも少なくなかったが、そんな私を支え、成長を後押ししてくれた。

今日でも、私はタッドのことをよく思い返す。彼と過ごした時間は、私のキャリアの中で最も素晴らしい経験だった。私が大きな成功を収められたのは、彼が高い心理的安全性をつくり出してくれたおかげだ。

皆さんは、会社やチームの中で自分らしさを発揮しづらいと感じたことはないだろうか。ばかにされるのが怖くて、聞きたいことが聞けなかった経験は？　何かを変える必要があると思ったとき、現状打破に挑戦する代わりに黙り込んでしまったことはないだろうか。

そのように自分が傷つく恐れがある行動を避けてしまうのは、思い切ってそういう行動をとったとしても報われず、むしろ罰せられるのではないかと恐れるからだ。心理的安全性とは、弱さを受け入れて報いる文化のことを指す。これこそが高いパフォーマンスを可能にする条件であり、文化全体の健全さと強さを示す主要な指標だ。

人と人との交流は、本質的に傷つきやすいものだと覚えておこう。言い換えれば、他者との交流には多少のリスクや脅威が伴うということだ。人間である私たちは、社会的な環境における心理的安全性の高さを見極めるために、その環境にどんな脅威があるかを察知しようとする。心理的安全性が高いと判断できれば思い通りに行動し、低いと判断した場合はおじけづいてしまう。どんな環境であっても、心理的安全性は私たちの行動やパフォーマンスに大きく影響する。私は研究を重ねる中で、心理的安全性の高さは「尊重」と「許可」の度合いによって決まり、四つの段階を経て発展することを発見した。第一に、自分も仲間になりたいと願い、第二に、安心して学ぶことを求める。第三に、安心して貢献したいと考え、そして第四に、物事をより良くするために、安心して現状打破に挑戦したいと望む。

これが心理的安全性を構成する四つの段階で、国や人種構成や文化が違っても、心理的安全性がこの四つの段階を経て高まっていくというパターンは共通している。最終的にチームに心理的安全性を生み出せるかどうかは、チームメンバーの互いの弱さをモデル化し、それに報いる方法をつくれるかどうかにかかっている。

読者の皆さんには、本書を情報収集のために読むのではなく、行動するため、変化を起こすために読んでもらいたい。そのうえで、自分自身の内面を見つめ直してみよう。今こそ、恐れずに心の棚卸しをするときだ。そして、もしあなたが家族、チーム、組織を率いる立場にいるのなら、組織としての良心を検証してもらいたい。

読者の皆さんには、ぜひ次の四つの質問に答えてほしい。

❶あなたは、人はみんな平等だと心から信じ、自分とは価値観が違う相手を、同じ人間であるという理由だけで、あなたの組織に受け入れているか？

❷偏見や差別意識を持たずに他者が学び成長することを奨励し、その人が自信をなくしたりミスを犯したりしたときにサポートしているか？

❸自分なりのやり方で成果を出そうとする人に対して、最大限の裁量を認めているか？

❹他者に対し、現状をより良くするために挑戦するよう常に促すとともに、謙虚

さと学習マインドに基づいて自分も間違うことがあることを受け入れているか？

この四つの質問は、これから解説する心理的安全性の4段階と一致する。これらの質問にどう答えるかによって、あなたの他者に対する価値観や、人間関係のあり方が浮き彫りになる。また、あなたがどのように人を引きつけるのか、あるいは閉め出すのか、自信を持たせるのか、恐怖を与えるのか、励ますのか、落胆させるのかも明らかになるし、どのように他人を導き、影響を与えるかも見えてくる。

先ほどの四つの質問に加えて、「4 Stages of Psychological Safety™ チーム・サーベイ」をあなたのチームで実施することもお勧めしたい（www.leaderfactor.com/psychological-safety-survey）。すでに効果が実証された、信頼性の高いこの心理測定ツールを用いれば、チームの心理的安全性を最も正確かつ総合的に評価できる。「4 Stages of Psychological Safety™チーム・サーベイ」のデータを長期的に収集することは、「意図的な文化形成」に取り組むための最良の方法の一つになるだろう（303ページに同サーベイや資料ダウンロードに関する案内を掲載）。

本書を読んだあなたが優れたチーム文化の設計者になることを、心から望んでいる。

ティモシー・R・クラーク

はじめに

　本書は人間関係についての理論を打ち出している。まず、その背景から説明しよう。数年前、オックスフォード大学でもうすぐ社会学の博士号が手に入りそうだった時期に、私は妻のトレイシーとともに英国から米国に戻った。資金が尽きたからだ。とりあえず1年ほど仕事をしながら博士論文を仕上げ、卒業したら大学で教鞭をとり、幸せに暮らす。それが計画だった。

　ところが、実際はそうならなかった。象牙の塔をあとにした私は、汗臭くてほこりが舞う重厚長大産業の製鉄会社に足を踏み入れた。ジュネーブ製鉄は、USスチールが第2次世界大戦中に建てた、ミシシッピ川以西では最後の銑鋼一貫製鉄所だ。1700エーカー［約6・9平方キロメートル］の広大な敷地に巨大な機械の塊がそびえ立っている。そこはまるで大都市の中にぽつりと浮かぶ自治領のようだ。自社が運営する列車が走り、消防署も病院も自前で、大聖堂さながらの高い溶鉱炉が空に伸びている。バチカン市国の工業バージョンと言えるだろう。その工場では、橋からブルドーザーまであらゆるものに利用される鋼板や薄板、パイプが製造されていた。労働者階級に対して理解のあるつもりだった私は、自分がどこにやってきたのかもわかっているし、そこで立派にやっていけると思い込んでいた。しかし、実際には何もわかっていなかった。[注1]

Key Question

重要な質問

あなたはまったく未知の環境に放り込まれたことはあるか？
そこに元からいる人々のことを疑わしく感じたことは？
どんな偏見や先入観を持っていたか？

そこはまったくの別世界だった。私は、シフト労働に鍛え上げられ、大量解雇を生き残ってきた溶接工、機械組み立て工、配管工、クレーン運転士に囲まれて働くことになった。安全帽には慣れたが、ごう音が響き続けるその場所にはロマンチックのかけらもなかった。現場は危険で、どんなミスも許されない。精度が何よりも重要で、思い込みが命取りになる。あらゆる工程のどのタスクにも数え切れないほどの安全手順が決められていて、偶然が入り込む余地はなかった。あまりにも安全が強調されるので、逆に安全のことを考えなくなったほどだ。

そして、運命の日がやって来た。保守作業員が16トンの鉄鉱石ペレットの下敷きになって命を落とした。即死だった。遺族はどれほどの悲しみに包まれるのだろうかと思った。その日の夜、私は最高経営責任者（ＣＥＯ）とともに、悲しい知らせを家族に伝えにいった。あとになって、数人の従業員が安全規則を破ったために、この悲劇が起きたことを知った。この事故を境に、私は安全に強くこだわるようになった。といっても、そのこだわり方はあなたが今想像しているものとはおそらく違っている。私は、「心理的安全性」こそが、組織のインクルージョン（包摂性）とチームのパフォーマンスの基礎であり、イノベーションに満ちた文化をつくる鍵だと考えるようになった。

無事に卒業した私は、製鉄所に別れを告げ、安全帽と安全靴を脱ぎ、大学の教壇に向かうはずだった。すると、予想外の出来事が起きた。製鉄所のＣＥＯに、工場長になってくれと言われたのだ。私は両極端な選択の決断を迫られた。学者として静かな生活を送るか、屈強な男たち2500人が汗を流す工場でリーダーになるか。私は妻トレイシーと話し合い、製鉄所を選んだ。それはなぜか。人間の行動を現場で直接観察し、研究できる絶好のチャンスだったからだ。その経験を通じて、オックスフォードで学んだ優雅な理論の実効性を確かめ、現実を学べるに違いないと思った。

工場長としての初日、私は早朝に会議を開き、「先住民の文化」と対面した。20人の現場管理者の顔を見つめると、部屋を沈黙が支配した。多くは私の父親ほどの年齢であり、全員が私の部下になる。

彼ら（全員が男性）には、自己統制の形で、地位・権力への隷属と命令への服従が深く染みついていた。権力がすべてであり、それが私の手の中にあることを知っていた。まだ若く経験の乏しい私を権力の源と見なし、誰もが恭順の意を示す。実際、その日から私が司令部、管制塔、支配者になった。社会学者のC・ライト・ミルズが言う「持つべきもののほとんど[注2]」を持っていた。現場管理者たちは、こうした場で本音を口にすると不利な状況に陥ると経験上わかっていたので、笑顔で礼儀正しくうんうんとうなずいていた。

Key Question

重要な質問

あなたは権力の座に就いたことがあるか？
権力を持たない側に属したことは？
権力の有無であなたの行動は変わったか？

このようなフィールドワークに適した環境に身を置くのは、社会科学者にとって夢のような話だ。そこで観察したものを正しく解釈することが、私の務めだった。しかし、ただ観察するだけではない。私には改革が求められていた。会社の業績向上のために、変革が必要だったからだ。老朽化した工場は「ミニミル（電炉メーカー）」と呼ばれる小型の工場との競争に苦戦していた。生産力を高め歩留まりを上げるには、権力支配を撤廃して、権威への崇拝や恐怖心を抱かせるような威圧をやめさせる必要があった。組織全体を、地位に縛られた権威主義的な支配モデルから脱却させなければならない。それができなければ、次に不況が来たとき、会社は生き残れないだろう。

営利企業は、競争優位性を維持しなければ生き残れない。それには、イノベーションを生み出せるかどうかが鍵になる。注意深く観察するとわかるのだが、イノベーシ

図1　「知的摩擦」を増やし、「社会的摩擦」を減らす

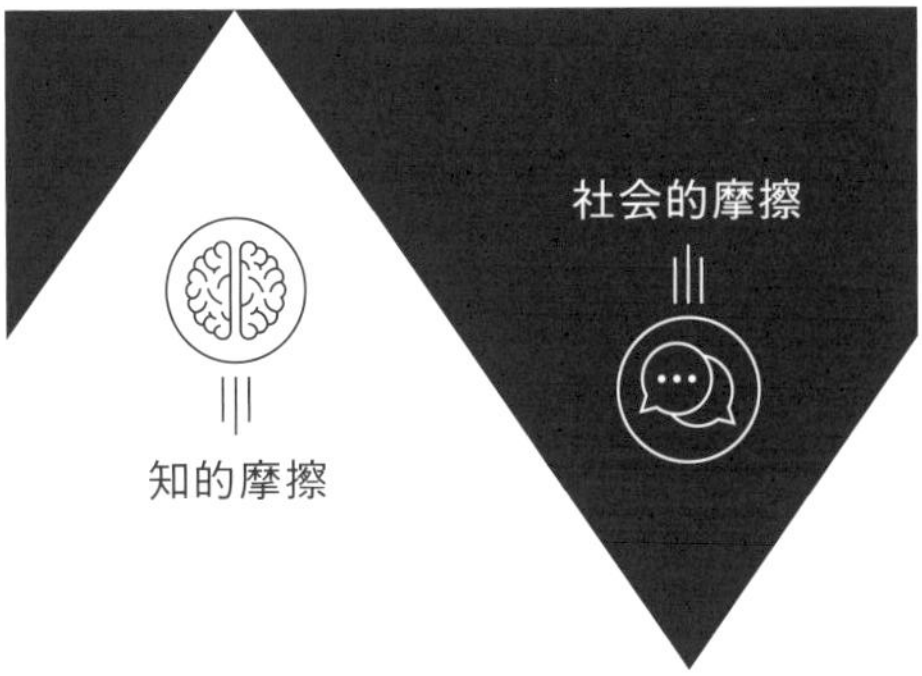

ョンはコラボレーションの産物であり、誰かひとりの天才のひらめきから生まれることはまずない。歴史学者のロバート・コンクエストがかつて「簡単に理解できるからといって、簡単に考えることができるとは限らない」[注3]と言ったように、イノベーションも簡単に思いつけるものではない。イノベーションを生むには、創造的な論争と建設的な反対意見が欠かせない。言い換えれば、「知的摩擦」が多く、「社会的摩擦」が少ないプロセスである。[注4]

この2種類の摩擦を巧みにコントロールして、勇気あるコラボレーションが生まれる環境を構築することがリーダーシップの根幹であるという事実を、ほとんどのリーダーは理解していない。この点は、おそらく究極のリーダーの証しであり、同時に個人の資質が直接反映される部分でもある（図1）。スキ

ル、誠実さ、そして人間に対する敬意がなければ、イノベーションは起こらない。無料のランチ、オープン・オフィス、あるいは流行の先端を行くおしゃれな労働環境などを整えるだけでは足りない。

Key Concept

重要コンセプト

リーダーの責務は、「知的摩擦」を増やし、「社会的摩擦」を減らすことだ。

工場で目にしたのは、まったく逆のパターンだった。そこには「心理的安全性」と呼ばれるものが欠落していた。従業員の身体だけでなく、心の安全も守ることこそ自分の責務だとすぐに気づいた。すでに経験したように、「身体的安全性」が不十分だとけがや死亡事故が起こる。一方、「心理的安全性」が欠けていると、メンタルがボロボロに傷つき、パフォーマンスが下がり、能力を発揮できず、自尊心が損なわれる恐れがある。そのため、競争の激しい市場で戦っている企業で心理的安全性に欠けていたら、絶滅の道を歩むしかない。

リーダーシップ論ではまず、社会と文化の文脈《コンテクスト》が人間の行動に強く影響し、文脈を整えるのはリーダーの責任であり、さらに「恐怖は敵」であるとも学ぶ。恐怖は主体性と創造性を奪い、献身ではなく服従をもたらし、イノベーションを阻害する。

Key Principle

重要原則

組織内に恐怖が存在するのは、リーダーシップが弱いことの最初の兆候だ。

恐れをなくし、本当の意味での成果主義を基盤に、学び成長する過程にある人の弱さを許容する環境をつくることができれば、従業員はリーダーと本人の期待以上の働きを見せてくれるだろう。

Key Question

重要な質問

あなたは恐怖が支配する組織の一員だった経験があるか？
その際、あなたはどう反応したか？
ほかの人はどう反応したか？

図2　心理的安全性の4段階

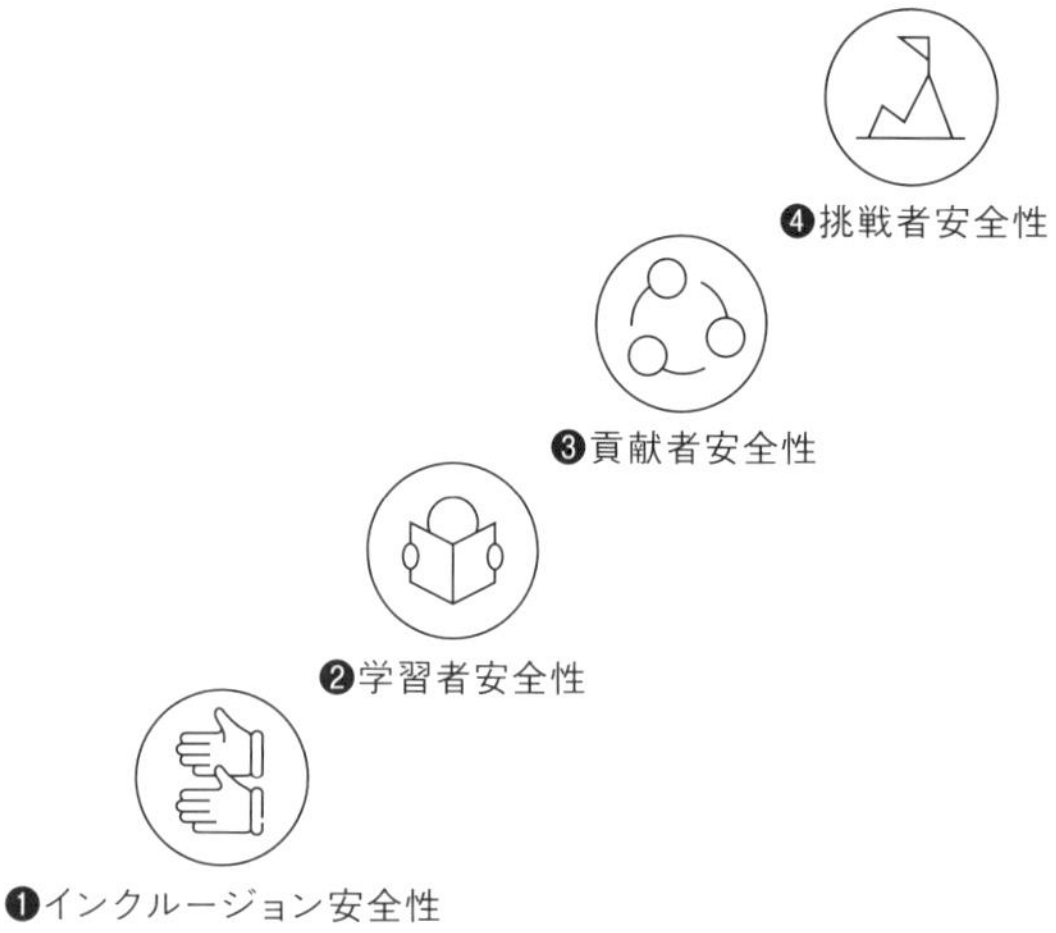

私は5年間ジュネーブ製鉄で工場長として働きつつ、ある種の観察調査もしていた。この強烈な経験がきっかけとなり、私は、労働者の潜在能力を引き出せる組織と、そうでない組織の違いの解明に乗り出すことにした。この25年、私は文化人類学者として、また心理的安全性の研究者として、社会のあらゆる領域に属するさまざまなリーダーやチームから数多くの教訓を得た。

その結果、心理的安全性は人間の欲求の自然な流れに沿って発展することを突き止めた（図2）。まず、人間は「仲間に入りたい」、次に「学びたい」、三つめは「貢献したい」、そして最後に、現在の状況に変化が必要だと思えるときには「挑戦したい」と願う。この順序は、すべての組織や社会単位において共通している。

Key Concept

重要コンセプト

心理的安全性とは、何らかの恥ずかしい思い、疎外感、罰などを恐れることなく、(1)仲間として認められ、(2)安全に学べ、(3)安全に貢献し、(4)現状打破に安全に挑戦できる、と感じられる状態を指す。

あるホームレスの人がボロボロの段ボールに、「あなたは私と同類の人間ではないと思いますが優しくしてください」と書いていたように、人間には例外なく何かに所属したいという欲求がある。少し前、私の娘のメアリーは、興味などないのに高校のバスケットボール部の試合を観戦しにいった。そのとき、娘が手に持っていた厚紙のボードにはある真実が記されていた。「友達を減らしたくないからここにいるのよ!」。人間は所属を切望するが、実際にはその欲求が満たされないため人間関係が壊れることがよくある。

本書は、そうした壊れた人間関係に焦点を当てる。主な読者としてビジネスリーダーを想定しているが、本書の内容はあらゆる組織に当てはまるだろう。人と人との関わり方に光を当て、沈黙の科学を解読し、人々の声を解き放ち、より良い人間関係を構築するには何が必要かを明らかにする。具体的には、心理的安全性が人の行動やパフォーマンス、あるいは幸福にどのように影響するかを説明するつもりだ。背後にどんな仕組みが働いていて、それを動かす（あるいは止める）にはどうすればいいか。

私の仕事は、パターンを認識することだ。人と人との相互関係において、パターンは誤解しようのないほど明らかであり、その際の課題は共通している。本書で述べる内容は、「観察可能なもの」と「不可能なもの」の両方だ。私はあえて、冷静沈着な観察と情熱的な訴えの両方を組み合わせて論じる。そのほうが、より実践的なアドバイスを提供できると考えたからだ。企業や学校で学んだことのほか、家庭でのプライベートな体験もたくさん紹介する。私が家庭で学んだことが組織で学んだことにも通じるからだ。

Key Question

重要な質問

家庭生活において、人間関係の難しさを感じたことはないか？

私たちは、時に誠実で善良であり、時に犯罪的なまでに無責任だ。人類の軌跡は大部分が冷酷な歴史であり、壮大な戦争絵巻、征服の年代記だ。マヤ・アンジェロウ〔米国の活動家、詩人、作家〕は嘆かわしい過去を、次のように簡潔かつ文学的に表現した。「過酷な歴史を通じて、私たちは善の名の下で、悪のピラミッドを建ててきた。強欲、恐怖、淫らさが、私たちの中の詩人と司祭を抹殺してきた。善の崩壊は、有史以前から今この瞬間まで続いている[注5]」

何千年もの歴史を通じて人類は技術的に発展を遂げてきたが、なぜ社会的には今も原始的なのだろうか？

人間は社会的な生き物であるはずなのに、まるで自由電子のように振る舞い、結合と衝突の両方を繰り返している。繁栄するには、他者と協力し合わなければならない。それがわかっていながら、他人を思いやることに疲れ、大事なことが見えなくなり、いつも逆戻りしてしまう。私たちは、他者を受け入れたり、追い出したりすることを繰り返している。実際、「社会における人間」の研究とは、その大部分が排他と恐怖の研究だ。たとえば、米国の労働者のうち「自分の意見が尊重されている」と感じているのは3分の1にすぎない。[注6]

Key Question

重要な質問

あなたは職場で仲間として受け入れられ、話を聞いてもらえているか？学校では？　家庭では？

人生は人それぞれだが、私たちは誰もが同じ経験をしている。拒絶されたり非難されたりした苦い経験は誰にもある。同時に、自分自身でも、排除や差別、操作や支配、剥奪や軽蔑、友好関係の構築や断絶をしてきた。人種的や社会的、人口統計学的、あるいは心理的理由から線引きをして、他者に対して不当な判断を下し、ぞんざいに扱ったことがある。誰もが疎外された経験があるので、疎外が何を意味するのかを知っている。私たちは慈悲と思いやりを持ち、親切にできる一方で、ハーレム・ルネサンス［1920年代、ニューヨーク・ハーレム地区を拠点に起きたアフリカ系米国人による芸術文化運動」の詩人ラングストン・ヒューズが言ったように、「とんでもなく卑劣[注7]」になることもある。

人間は建設的にも破壊的にもなる。時に私たちは、小学生が蝶を分類するように、自分たちを分類する。人を招待したりしなかったり、仲間に入れたり仲間外れにしたり、意見を聞いたり無視したり、癒やしたり虐待したり、神聖視したり傷つけたりする。多様性（ダイバーシティー）を愛し、そして憎む。

Key Question

重要な質問

誰かを排除したり、操作したり、ぞんざいに扱ったことはあるか？
生活の中に、「とんでもなく卑劣」になる場面はあるか？

私は「完璧に正しい人間」に会ったことがない。完璧な両親、教師、コーチも知らない。誰もが発展途上であり、偉大になるための修行をしている。私たちはみな壊れ、傷を負い、罪を背負っているが、同時に素晴らしい才能に恵まれている。

社会を離れてもひとりで生きていけるという考えは、幻想にすぎない。欲を断ち修道院にこもるような生活は決してうまくいかないし、バーチャルリアリティーもはかない一時の夢にすぎない。私たちは他者と同じ空間で、互いに作用し、結びつき、形づくられる。それが真実だ。ハンナ・アーレント［ドイツ出身の政治哲学者］は賢明にもこう述べている。「世界は人と人との間に横たわっている。この間こそが……世界のほとんどの国家にとって最大の関心事であり、最も明らかな激動の場である」［注8］

自分の心を開く

本書は情報を得るための本ではない。行動と変化を促す本だ。自分の心を開き、その内側を見てみよう。勇気を出して、心の棚卸しをするときが来た。そして、あなたが家族やチームや組織を率いる立場にあるのなら、そこでも同じことをやってみよう。

その際、問いが四つある。

❶あなたは、人はみんな平等だと本当に信じ、自分とは価値観が違う相手を、同

じ人間という理由だけで、あなたの組織に受け入れているか？
❷偏見や差別意識を持たずに他者が学び成長することを奨励し、その人が自信をなくしたりミスしたりしたときにサポートしているか？
❸自分なりのやり方で成果を出そうとする人に対して、最大限の裁量を認めているか？
❹他者に対し、現状をより良くするため挑戦するよう常に促すとともに、謙虚さと学習マインドに基づいて自分も間違うことがあることを受け入れているか？

この四つの問いは、心理的安全性の四つのステージに対応している。これらの質問にどう答えるかによって、回答者が人間と人間関係をどう捉えているかが大体わかる。どのように人を引きつけているのか、締め出しているのか、自信を持たせているのか、恐怖を与えているのか、励ましているのか、勇気を奪っているのか。つまり、あなたが人を率い、影響を及ぼす方法が明らかになる。

哲学者のトマス・ホッブズは「人類共通の傾向として、人はより強い権力を永遠に求め続け、その欲望が枯れるのは死んだときだけだ」[注9]と述べている。権力と富への飽くなき欲求は、人間の幸福に逆行する。なぜなら、人は自己完結しているのではなく、互いにつながっているからだ。かつてカンタベリー大主教を務めていたローワン・ウィリアムズは、「我々はアイソレーション（孤立）ではなく、リレーション（関係）により癒やされる[注10]」と語っている。

本来、境界線を引いて他者を排斥することは、生物としての本能ではない。ところが、権力や他者より優位に立つことへのあこがれや不安、自己中心的な考えなどが、私たちを分断してしまう。人は忠誠心を相手に求める。その結果、区別が生まれる。区別から分断が生じ、分断から階級、地位、身分が生まれる。そうやって、人と人との間の距離が広がり、比較が始まり、共感が消え、恐れやねたみ、対立や敵意が芽生え、破壊的な本能や虐待、残虐行為への衝動に発展する。偏見に満ちた考え方に基づいて、互いに傷つけ合う行為を正当化するドグマ（教義）を考案する。皮肉なことに、デジタル世代を生きる私たちは、他者とつながっては孤独を覚え、比較しては劣等感を抱いている。[注11]実際、「自分は人より劣っている」と感じたければ、お気に入りのソーシャルメディアを1時間ほど眺めるだけでいい。

Key Concept

重要コンセプト

比較や競争を続けると、他者とつながる能力が失われる。

Key Question

重要な質問

あなたの人生の中で、無意味で有害な比較をすることによって、つながる力が失われている領域はあるか？

私たちは互いに冷たい関係の友人にもなれるが、聖者、ヒーラー、善良な隣人として、焼け野原に降り注ぐ癒やしの雨になることもできる。息を飲むほどの思いやりと寛大さと無私の精神で人に尽くせる。私はヒロイズムや偉大な自己犠牲を求めているのではない。もっと根本的な意味で、恣意的な区別をせずに、すべての人を価値ある人間として扱おうと提案しているだけだ。他者を受け入れ、励まし、尊重し、許すこと。幸せになりたいなら、仲間とうまくやっていくしかない。うわべだけの優越感に浸るのはやめよう。間違ったことをやめ、他者に手を差し伸べよう。あまりにも多くの人が、W・B・イェイツ［アイルランドの詩人・劇作家］が「心の中の汚いくず屋[注12]」と呼んだものの中に閉じ込められて、自分の恵まれた状況のはるか下で生きている。もし、旅の道連れとなる人々の心理的安全性を少しでも高めることができれば、その人たちとあなた自身の人生は一変するだろう。私は、あなたに変わってもらいたい。人に対する見方と接し方を変えよう。これからあなたを連れていく旅は、喜びと痛みの両方をもたらすだろう。あなたは心から「変わりたい」と思っているだろうか。その思いがなければ旅の準備は決して整わない。

現代における真のフロンティアは人工知能ではなく、感情的・社会的な知能だ。その理由をこれから説明していこう。

重要コンセプト一覧

List of Key Concepts

- リーダーの責務は、「知的摩擦」を増やし、「社会的摩擦」を減らすことだ。
- 組織内に恐怖が存在するのは、リーダーシップが弱いことの最初の兆候だ。
- 心理的安全性とは、何らかの恥ずかしい思い、疎外感、罰などを恐れることなく、

（1）仲間として認められ、（2）安全に学べ、（3）安全に貢献し、（4）現状打破に安全に挑戦できる、と感じられる状態を指す。

○比較や競争を続けると、他者とつながる能力が失われる。

重要な質問一覧

List of Key Questions

○あなたはまったく未知の環境に放り込まれたことはあるか？　そこに元からいる人々のことを疑わしく感じたことは？　どんな偏見や先入観を持っていたか？

○あなたは権力の座に就いたことがあるか？　権力を持たない側に属したことは？　権力の有無であなたの行動は変わったか？

○あなたは恐怖が支配する組織の一員だった経験があるか？　その際、あなたはどう反応したか？　ほかの人はどう反応したか？

○家庭生活において、人間関係の難しさを感じたことはないか？

○あなたは職場で仲間として受け入れられ、話を聞いてもらえているか？　学校では？　家庭では？

○誰かを排除したり、操作したり、ぞんざいに扱ったことはあるか？　生活の中に、「とんでもなく卑劣」になる場面はあるか？

○あなたの人生の中で、無意味で有害な比較をすることによって、つながる力が失われている領域はあるか？

○私は、あなたに変わってもらいたい。人に対する見方と接し方を変えよう。これからあなたを連れていく旅は、喜びと痛みの両方をもたらすだろう。あなたは心から「変わりたい」と思っているだろうか。その思いがなければ旅の準備は決して整わない。

四つの問い

Four Questions

❶あなたは、人はみんな平等だと本当に信じ、自分とは価値観が違う相手を、同じ人間という理由だけで、あなたの組織に受け入れているか？

❷偏見や差別意識を持たずに他者が学び成長することを奨励し、その人が自信をなくしたりミスしたりしたときにサポートしているか？

❸自分なりのやり方で成果を出そうとする人に対して、最大限の裁量を認めているか？

❹他者に対し、現状をより良くするため挑戦するよう常に促すとともに、謙虚さと学習マインドに基づいて自分も間違うことがあることを受け入れているか？

イントロダクション

私は幼少期をコロラド州デュランゴで過ごした。父はチェロキー族に次いで2番目に大きなネイティブアメリカンの部族であるナバホ族の学校で教師をしていた。私たち一家はネイティブアメリカンでもナバホ族でもなく、彼らの言語も話せなかった。それでも彼らの社会には受け入れられていた。文化的に見て、私たちの間には大きな隔たりがあったし、その隔たりが忽然と消えることもなかった。それでも彼らは私たちをゆっくりと時間をかけて受け入れてくれた。彼らが愛情の絆と仲間意識を広げて私たちを受け入れてくれたのが、つまりインクルージョンの感覚が、子どもだった私にもはっきりと感じられた。

ある日、私は父に連れられて先住民の特別保留地の奥地に入った。小さな集落を通り過ぎたとき、1人の男性が外に立っていた。父はトラックを止めて運転席から降り、その男性に歩み寄った。この孤立した集落をネイティブではない米国人が訪れることはめったにないため、そのまま通り過ぎれば不要な疑いをかけられることを、父は知っていたからだ。私はトラックにとどまり、2人のやり取りを眺めていた。2人は握手をしなかった。挨拶めいたことは何もしない。ナバホの男性はまったく無表情で、感情のかけらも顔に出さなかった。その様子から、私は彼の機嫌が悪いのだと考えた。笑顔を見せることも手を振ることもなく、両者は別れた。私は、父があの男性を怒らせたのだろうと思った。

Key Question

重要な質問

あなたは、文化の違いを知らなかったため、他人を誤解したことがあるか？

トラックに戻ってきた父に、私は「あの人、怒っているの？」と尋ねた。父は驚いた表情でこう答えた。「彼の土地にとどまることも、彼の川に入ることも許してくれたよ」

私は完全に誤解していた。

接触する以前、彼と私たちは「分離」された関係だった。しかしそれは「排除」とは違う。互いを知らなかったが、対立していたわけではない。人は初めて接したとき、相手を自分の社会に受け入れるかどうかを決断するプロセスを開始する。受け入れるか拒否するか、仲良くするか排斥するか、それを示す方法はさまざまあるが、その境界線を決める最も有効な方法は、心理的安全性を与えるか与えないかだ。繰り返しになるが、その定義を示す。

Key Concept

重要コンセプト

心理的安全性とは、何らかの恥ずかしい思い、疎外感、罰などを恐れることなく、(1) 仲間として認められ、(2) 安全に学べ、(3) 安全に貢献し、(4) 現状打破に安全に挑戦できる、と感じられる状態を指す。

心理的安全性という概念は、人間が初めて交流した瞬間から存在していたと言える。しかし、この概念が一つの用語に統一されるようになったのは最近のことで、1990年、心理学者のウィリアム・カーンが初めて使った。さらに、エドガー・シャイン、ウォーレン・ベニス、エイミー・エドモンドソンなどのパイオニアたちが、なぜ心理的安全性がチームのパフォーマンスや事業の成果に直接影響するのかを証明した。[注1]それ以前は、心理的安全性やその前提を理解するために、別の用語を使っていた。たとえば、カール・ロジャーズ［米国の臨床心理学者］は「無条件の肯定的関心」の必要性を説いた。[注2]ダグラス・マグレガー［米国の心理学者］は非身体的な「安全欲求」を指摘した。[注3]ノーベル賞を受賞したハーバート・サイモン［米国の心理学者、経営学者］は、組織が完全に機能するには「親しみやすさと協力的な態度」が欠かせないと示唆した。[注4]もう一例挙げると、アブラハム・マズロー［米国の心理学者］は、人には「所属欲求」があり、「生理的欲求と安全欲求の両方が十分に満たされているとき、愛と優しさと所属欲求が生まれる」と述べている。[注5]

心理的安全性は脱物質主義的な欲求だが、「食」や「住」に劣らないくらい人間らしい欲求だ。実際、心理的安全性は社会や感情という文脈における自己防衛欲求の現れだと言えるだろう。あるいは、工業化された愛と呼べるかもしれない。エーリヒ・フロム［ドイツの哲学者］はこう説明する。「どこかに所属していなければ、人生に意味と方向性がなければ、人は自らを塵のように感じ、自分の無意味さに押し潰されるだろう。人生に意味と方向性を与えるシステムに自分を結びつけることができず、疑

図３　心理的安全性と欲求の段階

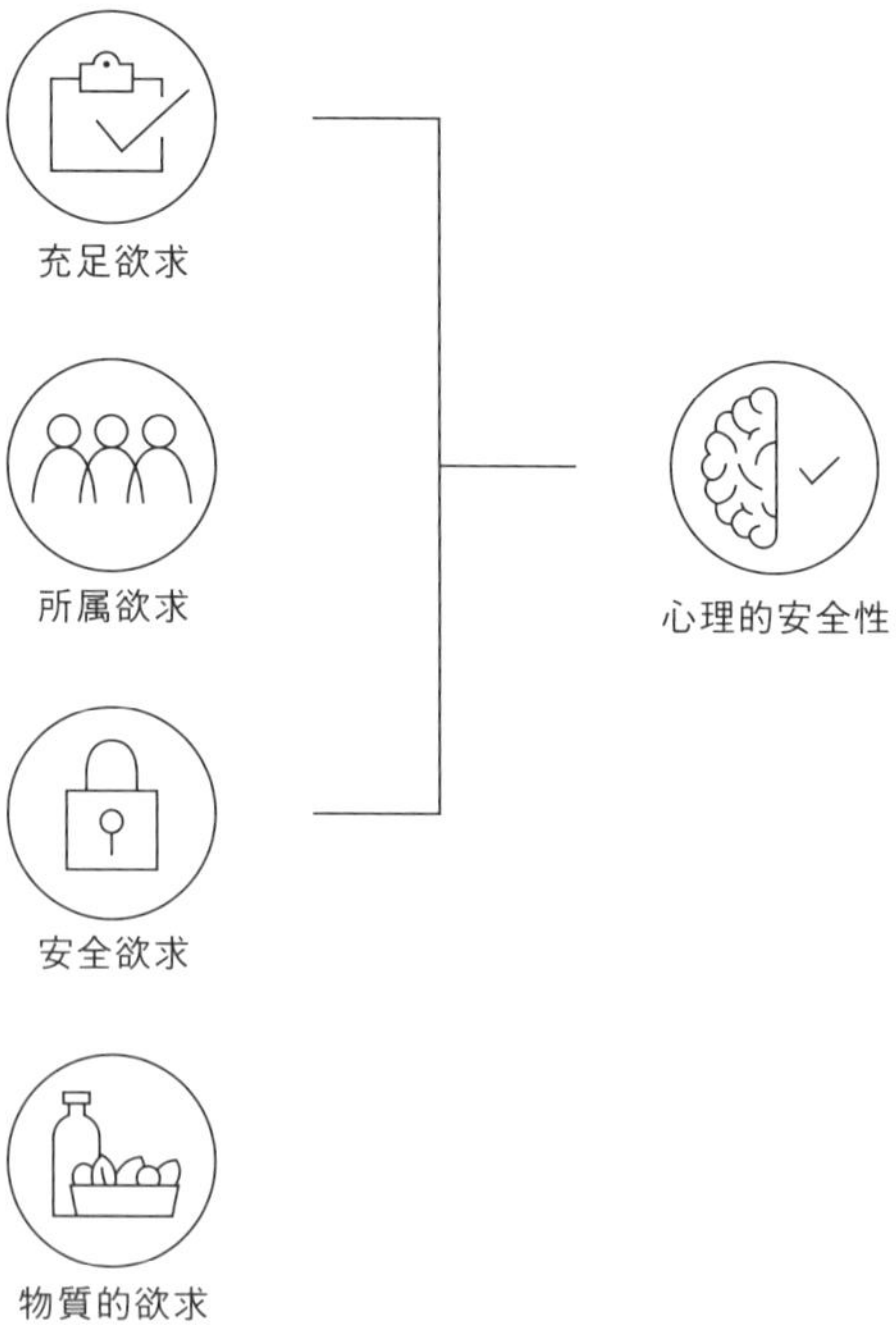

念で満たされ、最後にはその疑念が行動する力、つまり生きる力を麻痺させてしまう」[注6]

欲求の段階モデルでは、心理的安全性は充足・所属・安全の欲求にまたがっている。つまり、四つの基本欲求のうちの三つに関連している（図3）。食と住という基本的な身体的欲求が満たされて初めて、心理的安全性が優先される。

Key Question

重要な質問

あなたの生活の中に、心理的安全性が欠けているため、行動や生活、幸福が妨げられている領域はあるか？

社会生活において、恥をかいたり、疎外されたり、あるいは拒絶されたりしたときのことを思い出してみよう。たとえば、先生に質問したのに無視された、上司があなたの意見を批判した、あなたの英語の発音を仕事仲間がばかにした、オーディションで採用担当者にこき下ろされた、うっかりミスをしてコーチからどやされた、チームがあなたを置き去りにしてランチに行った。そうした心が痛む経験を思い出すことができるだろうか？　それらは心に突き刺さるので、なかなか忘れられないだろう。

　そうした機会を通じて、あなたの行動に変化が生じただろうか？　米国の社会学者アーリー・ラッセル・ホックシールドが指摘したように、「感情は前行動の一種」である。[注7]冷たくされたり、無視されたり、無言であしらわれたり、すげなくされたり、のけ者にされたり、侮辱されたり、いじめられたり、嫌がらせを受けたり、恥をかかされたり、軽蔑されたり、避けられたり、見捨てられたりした場合、それらはどれも心穏やかな出来事ではありえない。人からやる気を奪い、疎外感を生み、脳の痛み中枢を刺激する。自信をなくし、憤慨し、茫然として黙ってしまう。実際のところ、目に見える恐怖よりも、それらが引き起こす不安のほうが消耗や衰弱につながりやすい。当然、私たちの感情は思考や行動に影響する。

　発言権が与えられず、不当な扱いを受けていると、パフォーマンスにも、創造性にも、人としての成長にも、大いに悪影響が出る。人間として、私たちは周りの人々の様子、態度、雰囲気を本能的に察知し、対応する。しかし、心理的安全性は「ある」か「ない」かで決まる二元的な問題ではない。核家族も、米海軍特殊部隊（ネイビーシールズ）も、キッチンカーも、大統領の閣僚機構も、あらゆる社会単位がある程度の心理的安全性を必要としている。
心理的安全性の高い組織ではパフォーマンスとイノベーションが向上し、心理的安全性が低い場合は生産性が下がり、離職率が高くなるというのは、紛れもない事実だ。グーグルが行った社内調査「プロジェクト・アリストテレス」では、知能指数（ＩＱ）の高さや豊富な資金が必ずしもチームの成果に直結するわけではないと証明された。180のチームを調査した結果、チームに欠けている心理的安全性は、知力やお金などの経営資源では補えないことがわかった。実際、グーグルは、チームが高いパフォーマンスを出すための最も重要な要因として心理的安全性を挙げている。[注8]

Key Concept

重要コンセプト

従業員に対して仕事に全力を注ぐことを望む組織は、従業員の人格のすべてを受け入れなくてはならない。

心理的安全性が高ければ、人はより強く責任を感じ、自発的に努力するようになるため、結果として学習が速まり、問題解決までの時間も短くなる。心理的安全性が低いと、人は恐れに立ち向かおうとしなくなる。さらに、心を閉ざし、発言をやめ、自分を抑え、苦しさの回避や自己防衛などにエネルギーを振り向けるようになる。ウォルマートの元副社長セリア・スワンソンはこう言う。「有害な文化に抵抗して声を上げるか否かの決断は、従業員がキャリアを通じて直面する最も困難な決断の一つだ」[注9]

Key Concept

重要コンセプト

雇用の条件として高い心理的安全性がますます重視されるようになる。心理的安全性を提供できない企業は優秀な人材を失うことになる。

さまざまな業界、文化、人種を対象にしたフィールドワークを通じて、私は組織などの社会的単位が心理的安全性をどのような形で認め、構成メンバーがそれをどう受け止めるかに一貫したパターンがあることを突き止めた。心理的安全性を認める方法には、「尊重」と「許可」という二つの要素の組み合わせに基づいて四つの段階がある。「尊重」とは、私たちが互いに与え合う敬意や尊敬の度合いのことで、その人の価値を認め、感謝することだ。一方の「許可」は、組織のメンバーとして参加を認め

図4　インクルージョンからイノベーションへの道筋

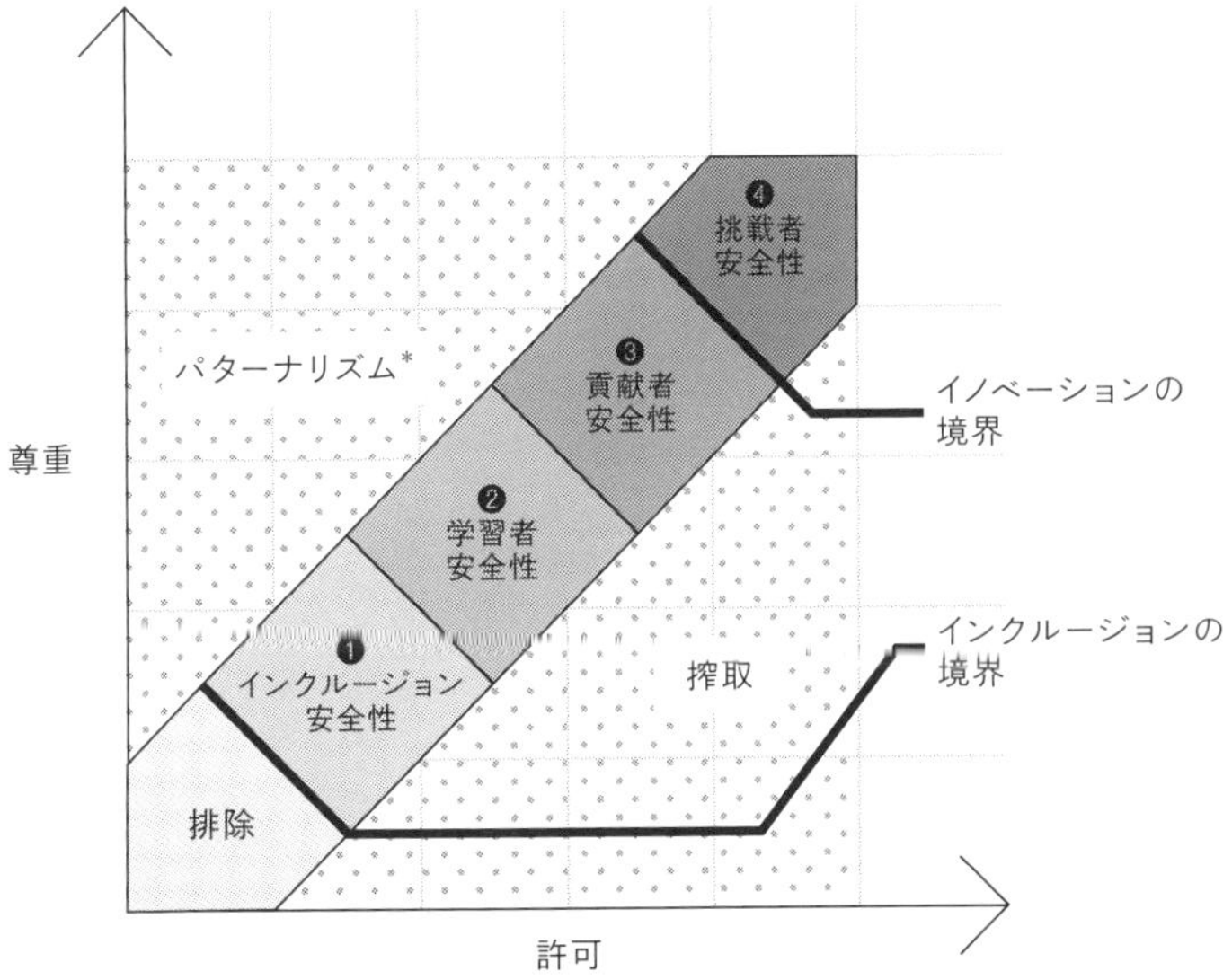

＊［パターナリズム＝強い立場にある権威者が、弱い立場にある者に対してその人たちの意思にかかわりなく介入・干渉・支援すること。父権主義、温情主義とも言う］

ることを意味している。要するに、誰かが組織に参加して影響を及ぼしたり関与したりするのを許容する度合いのことだ。

組織が「尊重」と「許可」を多く与えれば与えるほど、メンバーはより強く心理的安全性を感じ、それを反映した行動を取るようになる。どの段階においても、心理的安全性はもっと多くのことに関わるようメンバーを促し、個人の成長と価値創造プロセスの両方を加速させる。

Key Concept

重要コンセプト

人は、心理的安全性の高い協調的なシステムに参加することでより成長できる。

本書の「4段階で実現する心理的安全性」のフレームワークは、組織や社会的単位における心理的安全性の程度を測る診断ツール〔303ページ参照〕として用いることができる（図4）。ここで各段階の概要を順番に紹介する。そして、次章以降、段階別に詳しく解説する。

Inclusion Safety

第1段階 インクルージョン安全性

グループへの非公式な受け入れが、心理的安全性の最初の段階となる。そのグループは近隣住民の読書会かもしれないし、カトリック枢機卿会かもしれない。それがどんな種類であるにせよ、社会的な集団があなたを受け入れ、あなたにメンバー間で共有されているアイデンティティーが与えられる。あなたに貼られていた「部外者」のレッテルが剥がされ、集団に包含《インクルージョン》される。ただし、ここで重要なのは、この「インクルージョン安全性」はただの「許容」ではない点だ。相違点を隠したり、それを見て見ぬふりをしたりするのとは違う。血と肉を持つ人間であるという条件だけで、他者を自分たちの社会に招き入れることによって、「インクルージョン安全性」がもたらされる。この超越的なつながりは、ほかのあらゆる違いに優先する。

Key Concept

重要コンセプト

受け入れられたいという欲求は、話を聞いてもらいたいという欲求に勝る。

生物として、人間は生まれながらの本能と、成長過程で獲得した社会感覚の両方を用いて社会の境界線を見つけ、その境界線上における受容や拒絶のジェスチャーを理解する。つまり、自分に差し出される「尊重」や「許可」の強弱を認識する。

たとえば、高校の新入生が同級生に「昼ご飯を一緒に食べない？」と尋ねたとしよう。それに対して、同級生が「いいよ」と応じたなら、「インクルージョン安全性」が広がったことになる。逆に、答えが「ノー」の場合、その新入生はインクルージョンの境界を越えることが許されなかった。同じような出会いが、もっと繊細な経過をたどることもある。境界を越えようとする新入生が、単純に無視されることもあるだろう。場合によっては、私たちは無視という手段を通じて、相手に対する蔑視を穏やかに表現することもある。いずれにせよ、仲間外れにされたり、受け入れを拒否されたりするのはつらいことだ。インクルージョンが切実に必要とされていることをはっきりと示す数字をここで紹介しよう。米国大学保健協会の調査によると、大学生の63

パーセントが「非常に孤独」と回答した。つまり、大学生のほぼ3分の2が強い孤独を感じている。[注10] 物質的には満ち足りているのに、社会的あるいは精神的には苦しみが広がっている。[注11]

Key Concept

重要コンセプト

無視されるのは拒絶されるのと同じぐらいつらい。

米国心理学の父と呼ばれるウィリアム・ジェームズはこう表現している。「人として社会から隔絶され、社会の全構成員から完全に無視される。そのようなことが物理的に可能なら、それよりも残酷な罰はないだろう。中に入っても誰も振り向かず、話しても誰も答えず、何をしても誰も気にせず、出会う誰もがその人が存在していないかのように振る舞うなら、怒りと絶望的な無力感が沸々と湧き上がる。それに比べれば肉体的な拷問のほうがまだましだ」[注12]

なぜ、銃乱射犯は無差別に人々を殺害するのか？　なぜ、人々は罵詈雑言や憎しみをまき散らすのか？　わずか18年で米国における自殺率が33パーセントも上昇したのはなぜか?[注13]　こうした悲劇的な結果は、疎外感、不満、仲間外れと直接関係していて、欲求が十分に満たされていないことに起因している。つまり、「インクルージョン安全性」を与えたり受け取ったりすることは、幸福だけでなく生死に関わる問題でもある。

Key Concept

重要コンセプト

他の人たちから受け入れや承認を拒絶された場合、人はしばしばその代わりに注目を浴びようとする。それが破壊をもたらすこともある。

集団への参加が常に許され、受け入れの意思表示が繰り返されるとき、「インクルージョン安全性」が生まれ、持続する。ビジネスの世界では、雇用を通じて職場への参加が正式に認められるが、仲間として認めたり拒否したりする「非公式の許可」を与えるのは、そこで働くほかの人々だ。たとえば、ソフトウェア開発チームに新たに採用された人は、公式にはその会社の社員だが、「インクルージョン安全性」を得るには、チームによる社会文化的な受け入れが欠かせない。「インクルージョン安全性」

を与えることは、道徳的要請と言える。

Learner Safety

第2段階 学習者安全性

「学習者安全性」とは、学習のプロセスに参加し、問いかけ、実験し、ミスをしても（もしではなく実際にミスをしたときも）安全を感じられる状態を指す。「学習者安全性」がなければ、人は暗黙の了解の範囲を超えて行動することにリスクがあると感じるため、受動的になる可能性が高い。幼少期も、青年期も、成人してからも、パターンは同じだ。学習プロセスに抑制と不安を持ち込んでしまう。

Key Concept

重要コンセプト

学習プロセスにおいて、ばかにされたり、けなされたり、手厳しく指導されたりする環境では、「学習者安全性」が損なわれる。

逆に、安心して学習できる環境では、潜在能力が開花し、自信やレジリエンス、主体性が高まる。

「インクルージョン安全性」の段階では、メンバーは受動的でも構わないが、「学習者安全性」の段階では、自ら努力し自己効力感を高めることが求められる。もはや傍観者ではない。「学習者安全性」への移行は、未知の不安に足を踏み入れることを意味する。「学習者安全性」がそこにあれば、リーダーとチームがメンバーに欠けている自信の一部を補うことができる。一例を挙げると、1957年、フランス人哲学者のアルベール・カミュはノーベル文学賞を受賞した翌日に、小学校時代の恩師にお礼の手紙を書いている。「ジェルマン先生、あなたがいなければ、あなたがまだ幼く無力な子だった私に愛に満ちた手を差し伸べることがなければ、あなたの教えと手本がなければ、こうしたことは起きなかったでしょう[注14]」

「学習者安全性」は、一定の制限内での活動と参加を意味している。たとえば、ある見習い配管工が、ベテランの配管工を手伝っていた。その見習いがやっていいことは限られており、その範囲内で観察し、質問し、道具や部品をそろえ、仕事を手伝うことが許されていた。熟練配管工は見習いの質問に快く答えた。見習い配管工は学び、実行し、成長を目指して、よりいっそう自発的に努力するようになった。

その逆の例もある。あるホテルで私は、宿泊客の強い要望に応えようと努力するフロント係に対して、ホテルの支配人が不満をあらわにした場面に遭遇した。フロント係が質問するたびに、支配人のフラストレーションはたまっていった。フラストレーションが「尊重」や「許可」に取って代わり、精神的障壁となって、フロント係の行動意欲を封じ込めた。そして予想通り、フロント係は言われたことしかやらなくなり、自発性も熱意も失ってしまった。

第3段階 貢献者安全性
Contributor Safety

個人を尊重し、許可する育成環境の中で、個人のパフォーマンスが高まると「貢献者安全性」の段階に入る。与えられた役割をまっとうすることを前提に、役職にふさわしい仕事をするように促し、期待する。メンバーがその仕事を実行するために必要な能力を獲得すれば、チームの規範に違反しないという条件の下で、通常は「貢献者安全性」が与えられる。

Key Concept

重要コンセプト

メンバーが能力を証明すれば、組織は通常、そのメンバーがさらに貢献できるよう、より多くの自律性を認める。

「貢献者安全性」への移行は、資格、肩書、地位、権限の付与と関係することもある。たとえば、スポーツチームのコーチがあるプレーヤーを出場メンバーに選んだ場合、そのプレーヤーは選出の瞬間に「貢献者安全性」に移行する。病院に雇われた優れた外科医は、契約を通じて「貢献者安全性」が認められる。このように、ある役割の実行にとって権限や資格が前提条件になる場合には、権限や資格が貢献するための公的あるいは法的な権利として機能し、「貢献者安全性」の後ろ盾となる。

その一方で、仕事を遂行する能力があるにもかかわらず、不当な理由で「貢献者安全性」が与えられないケースもある。たとえば、リーダーの傲慢さや不安感、個人や組織が持つ偏見、先入観や差別、無関心を助長するようなチーム文化、共感の欠如、疎外感などだ。「貢献者安全性」は本人が優れた能力を発揮することによって生まれるが、そのためには、リーダーとチームがメンバーに対して自律的に活動する機会と勇気を与えなければならない。

Challenger Safety

第4段階 挑戦者安全性

心理的安全性の最終段階では、組織のメンバーは懲罰や報復を受けたり、地位や評判を落としたりするリスクを恐れることなく、現状打破に挑めるようになる。何かを変える必要があり、権力を持つリーダーにそれを打ち明けようとするとき、「挑戦者安全性」が真実をありのままに話す自信をメンバーに与える。「挑戦者安全性」があれば、メンバーは同調圧力を乗り越え、創造性を発揮できるようになる。

ビジネス向けSNS（交流サイト）を展開する米リンクトインは、最も重要な「ソフトスキル」を特定するため、5万を超える膨大なスキルのデータベースを分析した。その結果、最も切実に必要とされているスキルは「創造力」だった。[注15] しかし、創造力だけでは決して十分ではない。人は、自由に挑戦できると感じたときにのみ、創造力を発揮できる。人は誰も、感情という錠前で創造性を閉じ込めている。そして、安全なときにだけ、その鍵を内側から開ける。「挑戦者安全性」が確保されていなければ、恐れやためらいなどの制約が生じ、自分や仲間の好奇心がブロックされるため、鍵が開かれる可能性がなくなってしまう。

Key Question

重要な質問

周囲から十分な「尊重」や「許可」が与えられていないと感じるとき、あなたはイノベーションをどれくらい起こせるだろうか?

あるグローバル企業の中級管理職はこう話す。「私が現状の変化に挑むときには、とても慎重に『首』を突っ込みます。挑んで首をはねられなければ、もう一度やりますが、首をはねられそうなら、自分のアイデアは胸にしまっておきます」

この言葉は、人間なら誰でも持っている自己検閲の本能と「挑戦者安全性」がもたらす競争優位性を表している。「挑戦者安全性」が確保されたオープンな風土があれば、組織内の知識を底辺から頂点まで循環させ、組織の適応力を高めることができる。それだけではない。メンバーの好奇心と創造性の発揮を後押しする。

破綻した企業の失敗の原因を調べたところ、ほとんどの場合で「挑戦者安全性」が不足していた。たとえば、コダック、ブロックバスター、パーム、ボーダーズ、トイザらス、サーキット・シティー、アタリ、コンパック、ラジオシャック、AOLが失敗したのはなぜか？　イノベーションを生み出せず、競争優位性を失ったからだ。では、なぜイノベーションを生み出せなかったのか。どの会社も優秀な社員をたくさん抱えていたが、彼らは見えざる脅威の餌食になった。競合他社が打ち出した戦略は特別なものではなく、むしろ当たり前のことだった。破綻した企業は、自社の現状に異を唱えられず、自らを破壊することができなかった。米国の作家・思想家のヘンリー・デイヴィッド・ソローの言葉を借りるなら、「習慣という名の墓に埋められた」ということだ。現状が続くことをよしとし、変えようとしなかった。

現状に疑いの目を向けると、必ず葛藤や対立、ときには大きな混乱が生じる。非難や罰があり、知的な摩擦が人間関係の対立に変わり、恐れが行動の動機になると、イノベーションのプロセスは崩壊し、人は黙り込む。

Key Concept

重要コンセプト

率直な意見を受け入れない組織では、建設的な反対意見が出てこない。建設的な反対意見がない組織で、イノベーションは起こらない。

「挑戦者安全性」はイノベーションを起こすためのライセンスだ。緊張を解き、人々の才能を引き出すこと、そしてこのプロセスを試行錯誤しながらずっと繰り返すことこそ、リーダーの仕事だ。メンバーが互いに頼り合えるチームは光り輝く。しかし、組織の多くは「挑戦者安全性」を認めようとしない。なぜなら「挑戦者安全性」が権力構造、資源配分、インセンティブ、報酬制度、業務のスピードなどを脅かすからだ。イノベーションは成長の活力源であると同時に、文化的には非常に難しい挑戦でもある。そのため、「挑戦者安全性」の段階に一度も届かず終わる会社も多い。一度は届いたものの、失ってしまう場合もある。米大手家電販売ベスト・バイのCEOであるブラッド・アンダーソンは、「組織には慣例があり、ときには自らの生存を犠牲にしてでもそれにしがみつく」と言う。[注16] この言葉は個人にも当てはまる。

Key Question

重要な質問

あなたにとっての変えるべき化石のような習慣は何か？

多くのリーダーは、自分の立場を危うくすることをあえてしようとしない。そのような行為は、自分たちの道徳的、感情的、知的な許容範囲を超えるからだ。そのため、イノベーションを起こすことも、組織に高いレベルの心理的安全性を生み出すこともできない。たとえば、１９８６年１月に米国で起きたスペースシャトル「チャレンジャー号」の爆発事故は、固形ロケットブースターの円筒状部材間に装着された密閉用Oリングの欠陥が原因だった。そのOリングは、真冬の低温下で正常に機能するようには設計されていなかった。専門家はＮＡＳＡ（米航空宇宙局）に対して、気温が華氏53度（約12℃）未満の場合、打ち上げを中止するように警告していた。しかし、それまで何度も発射が延期されプレッシャーを感じていた上層部は、反対者の口を封じ、打ち上げを強行した。「挑戦者安全件」の欠如と傲慢さが悲劇を引き起こした［打ち上げから73秒後に機体が空中分解し、７人の乗組員が全員死亡］。

私は、激変する環境で会社を率いるリーダーたちと一緒に仕事をしている。「挑戦者安全性」を実現した企業は、イノベーションのプロセスを加速できるため、競争優位性を築くことができる。現状に満足し、権力や地位に固執する傾向の強いリーダーは「挑戦者安全性」を生み出すことができない。チェスの達人ガルリ・カスパロフが言うように「ゲームを爆発させる勇気がない」からだ。弱さを受け入れられず、個人的な利益を犠牲にできず、エゴの欲求を抑えることができない人は、リーダーに適していない。

最後に、イノベーションを組織全体に拡大するには、リーダーは現状打破に挑戦するのが当たり前な状況をつくらなければならない。テクノロジーを駆使した提案制度や、誰もが参加できる自由な討論も、そこに「挑戦者安全性」がなければうまく機能しない。また、提案を無視することは却下するより有害であることを忘れてはならない。却下のほうは、少なくとも提案を吟味している。

変化のスピードが加速し、他社に対して優位性を保てる期間が短くなっている現代、「挑戦者安全性」がますます必要とされている。1966年、S&P500企業の平均存続年数は33年だったが2016年には24年に短縮し、2027年までにはわずか12年に縮むと予想されている。[注17]

つまり、今後も企業の平均寿命は縮み続けると考えられる。したがって、難攻不落の圧倒的な競争優位性を持つごく少数の企業を除き、ほとんどの企業は継続してイノベーションを生み出すための力の源として、「挑戦者安全性」の確保と維持を必要としている。それができなければ、競争を勝ち抜くための俊敏性《アジリティー》は得られない。

では、女性、マイノリティー、宗教的アイデンティティー、その他の人間的特徴に対する偏見を拭い去れない企業はどうなるのか。ほとんどの組織は平等やインクルージョンを方針として採用しているが、組織文化や行動レベルで実践しているところはほとんどない。では、どうすれば組織の構成としての多様性（ダイバーシティー）を、積極的で自信と活気に満ちた「行動における多様性」に変えることができるのか。心理的安全性がなければ、知識の多様性は失われる。陰に隠れて仕事をする人は、自らの探求本能を抑制し、建設的な反対意見を述べることはない。なぜなら、彼らはそうした反対意見が取り入れられるのを見たことがないし、「尊重」も「許可」も与えられていないので議論に参加しようともしないからだ。

ボーリングのレーンとガター

チームがメンバーに「尊重」と「許可」の両方ではなく、いずれか一つだけを与えるとどうなるか。つまりたとえるなら、心理的安全性のパターンがボーリングレーンを外れて左右どちらかのガター（図4を参照し、「パターナリズム」と「搾取」が心理的安全性のフレームワークのどこに位置しているかを確認してほしい）に落ちるとき、何が起きるか。

チームがメンバーに対して敬意は示すがほとんど何も許可しない場合、パターナリズムのガターに落ちる。その場合、リーダーは過保護な親、あるいは情け深い独裁者のように振る舞う。子どもの頭をなでたり、物に触れないように注意したりと、細部にわたってメンバーを管理しようとする。私が会社で働き始めたころ、CEOが私たち社員に、組織に関するフィードバックを求めてきたことがある。私はそのシグナルを「挑戦者安全性」が与えられたと誤解し、数時間を費やして文書を作成して提出した。ところが、CEOからの反応はまったくなかった。のちに同僚から、フィードバックの要求は形だけのものだと教わった。また、個人的な経験から、パターナリズムが皮肉や無関心の温床になることも知った。

Key Question

重要な質問

あなたの家庭、学校、職場で、特定の人がほかの人を細かく管理して、力を奪うようなパターナリズムの事例はあるか？

他方、チームへの貢献は認められるが、尊重がほとんど与えられないとき、何が起きるか。この場合、チームは搾取のガターに落ちる。リーダーが価値を引き出そうとする一方で、価値を生み出す人を評価しない状態である。極端に言えば、奴隷制や強制労働がこれに当たるが、私たちの周りには、はずかしめ、嫌がらせ、いじめといった事例がたくさんある。そのようなリーダーがいればメンバーが反乱を起こすと思うかもしれないが、実際には職を失うことを恐れ、ひどい扱いに耐える人のほうが多い。

Key Question

重要な質問

あなたの家庭、学校、職場などで、誰かがほかの人を利用している事例はあるか？

はずかしめ、嫌がらせ、いじめなどが常態化していないか？

私は工場長のころ、人間性のかけらもなく、労働者を道具と見なす指揮・統制型かつ恐怖・脅迫型のリーダーシップを何度も目撃した。その経験から、私はマネジャーを「消費者」と「貢献者」の2種類に分類するようになった。「消費者」は、消費こそが最大の欲求だ。あらゆるものを自分の満足のために利用し、リーダーシップも自分の欲求を満たす手段と考える。「消費者」のリーダーシップの源泉は、「自分は他のメンバーより優れている」「他のメンバーよりふさわしい」という前提のもとに成り立っている。

その対岸にいるのが「貢献者」だ。積極的に奉仕し、構築し、励まし、物事の改善に努める。彼らも個人的な成功を求めているが、他人を利用したり、犠牲にしたりすることはない。この点が「消費者」とは違う。他人を踏み台にしてのし上がろうとせず、人間は「目的」であって「手段」ではないと固く信じている。

まとめ

世間では、多様性がもてはやされているが、その価値を引き出さない限り、多様性は何も生まない。リーダーにとって最も重要な仕事は、ビジョンを描き戦略を構想することと以上に、社会の設計者として活動し、メンバーが（1）自分も組織の一員だと実感でき、（2）学習し、（3）貢献し、（4）イノベーションを生み出せる環境を整えることにある。その環境を構築し、維持することが、リーダーシップの育成と組織文化の両方にとっての最終段階になる。

Key Concept

重要コンセプト

組織はリーダーの器を越えられない。組織はリーダーを反映する。

心理的安全性の創造は、「方針の設定」と「行動のモデル化」にかかっている。リーダーにできるのは、その道を示すか、その道をふさぐかのどちらかだ。心理的安全性の果実を余すことなく収穫できるようになれば、家庭、学校、組織、社会を変革し、人々が強く望むこと、つまり幸福でつながりがあり、創造し、他者に貢献し、より素晴らしい人生を送れる社会が実現するだろう。

重要コンセプト一覧

List of Key Concepts

- 心理的安全性とは、何らかの恥ずかしい思い、疎外感、罰などを恐れることなく、(1)仲間として認められ、(2)安全に学べ、(3)安全に貢献し、(4)現状打破に安全に挑戦できる、と感じられる状態を指す。
- 従業員に対して仕事に全力を注ぐことを望む組織は、従業員の人格のすべてを受け入れなくてはならない。
- 雇用の条件として高い心理的安全性がますます重視されるようになる。心理的安全性を提供できない企業は優秀な人材を失うことになる。
- 人は、心理的安全性の高い協調的なシステムに参加することでより成長できる。

- 受け入れられたいという欲求は、話を聞いてもらいたいという欲求に勝る。
- 無視されるのは拒絶されるのと同じぐらいつらい。
- 他の人たちから受け入れや承認を拒絶された場合、人はしばしばその代わりに注目を浴びようとする。それが破壊をもたらすこともある。
- 学習プロセスにおいて、ばかにされたり、けなされたり、手厳しく指導されたりする環境では、「学習者安全性」が損なわれる。
- メンバーが能力を証明すれば、組織は通常、そのメンバーがさらに貢献できるよう、より多くの自律性を認める。
- 率直な意見を受け入れない組織では、建設的な反対意見が出てこない。建設的な反対意見がない組織で、イノベーションは起こらない。
- 組織はリーダーの器を越えられない。組織はリーダーを反映する。

重要な質問一覧

List of Key Questions

- あなたは、文化の違いを知らなかったため、他人を誤解したことがあるか？
- あなたの生活の中に、心理的安全性が欠けているため、行動や生活、幸福が妨げられている領域はあるか？
- 周囲から十分な「尊重」や「許可」が与えられていないと感じるとき、あなたはイノベーションをどれくらい起こせるだろうか？
- あなたにとっての変えるべき化石のような習慣は何か？
- あなたの家庭、学校、職場で、特定の人がほかの人を細かく管理して、力を奪うようなパターナリズムの事例はあるか？
- あなたの家庭、学校、職場などで、誰かがほかの人を利用している事例はあるか？

第1段階

インクルージョン安全性

多様性の中で団結する能力こそが、
我々の文明の素晴らしさであり、試練でもある。
―― マハトマ・ガンジー ――
［インド独立の父］

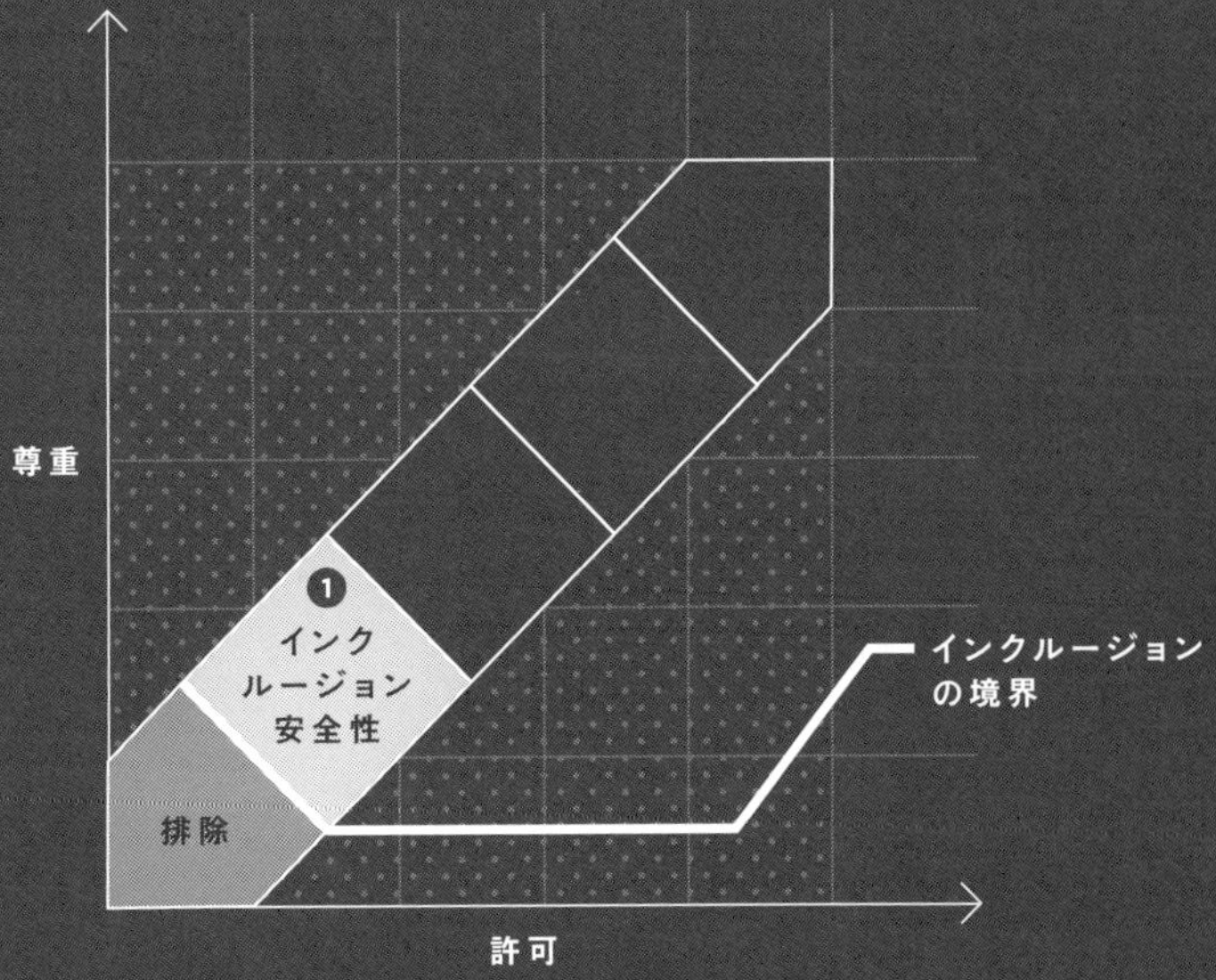

図5　インクルージョンとイノベーションの実現への道に入る

多様性《ダイバーシティー》は事実、インクルージョンは選択だ。
ただし、ただの選択ではない。

Key Concept

重要コンセプト

他人を受け入れるという選択が人に活力を与える。

心理的安全性の第1段階「インクルージョン安全性」の本質的な意味は「種《しゅ》に基づく受容」、つまり「同じ人間なのだから、あなたを受け入れます」という態度だ（図5を参照）。考え自体はとても単純だが、実践するのは想像以上に難しい。幼稚園でそれを習い、のちに忘れてしまう。自分が勤める会社がインクルージョンに取り組んでいると答えるビジネスパーソンはわずか36パーセントにすぎない。[注1]

私は、息子のベンが初めて幼稚園へ行った日の会話をよく覚えている。

「ベン、初めての幼稚園はどうだった?」と私は尋ねた。

「楽しかったよ」

「明日も行くのが楽しみかな?」

「うん、とっても楽しみ」

「明日もママが幼稚園に連れていってくれるの?」

「ううん、自分で歩いていくよ」

「誰かと一緒に?」

「違うよ、パパ。ひとりだよ。でも、誰かが一緒に行こうって言ったら、一緒に行くよ」

この優しいやり取りを、私は忘れられない。これこそが、子どもが生まれつき持つ純粋なインクルージョンの精神だ。

Key Concept

重要コンセプト

子どものころは自然にインクルージョンを認めるが、大人になってからは不自然にエクスクルージョン(排除)を行う。

自身の欠点や不安が原因で、人は周囲の人々を排除する行動を取るようになる。けれどもそんなことをする必要はない。私たち家族は、数年間をナバホの人々と暮らしたのち、ロサンゼルスへ移り、最終的にサンフランシスコのベイエリアにある中流階級が集まる地区に落ち着いた。少年の私は、自分が根無し草であるかのように感じた。退屈で、孤独で、少しいらだってもいた。ある日、ポーチに座っていると、自転車に乗った少年が近づいてきた。自転車から降り、私のほうに歩いてきて、何のためらいもなくこう言った。「やあ、僕はケニー」。一緒に自転車で出かけ、キンカンを食べたり、トカゲを捕まえたりするうち、あっという間に仲良くなった。私に声をかけ、自信を持って「インクルージョン安全性」を発揮してくれた10歳の少年は、現在、カリフォルニア州レイクフォレストのキャメルバック教会で牧師を務めているケニー・ラックだ。

誰もがケニーほどの自信と気遣いを持っているわけではないが、インクルージョンかエクスクルージョンかの決断は、基本的にはスキルや性格とは無関係だ（それらがインクルージョンの能力を高めることはある）。インクルージョンの能力は技術ではなく、むしろ意志だと言える。インクルージョンを法制化したり、規制したり、訓練したり、測定したり、存在するかのように見せかけたりしても意味がない。そんなことをしても何も変わらない。インクルージョンとは、心からあふれ出る意志による行為だ。心理的安全性のない場所に、インクルージョンは存在しない。

Key Concept

重要コンセプト

相手を受け入れることとは、人間であるという本質に基づいて行うべきことであり、相手の価値評価に基づく行為であってはならない。

うちの子どもたちは学校で、マーティン・ルーサー・キング牧師の「私には夢がある」の次の一節を暗記した。「人々が肌の色ではなく、人格によって評価される日が来るのを待ち望んでいる」。米国の神学者ラインホルド・ニーバーも同じことを述べている。「聖書は、人をその根ではなく実で判断するよう私たちを戒めている」[注2]キング牧師もニーバーも、他人が劣っていると判断する前に人格の状態(worthiness)について見よ、と説いている。私が言いたいのは、人であることが第一で、次に人格の状態が来るということだ。「インクルージョン安全性」は人を人として扱うことであって、人格の質や状態は関係ない。階級、地位、性別、人種、外見、知識、教育、信仰、価値観、政治観、習慣、伝統、言語、風習、歴史などにとらわれることなく、仲間とのつながりを広げる行為である。インクルージョンは文明への道を照らす。その道の出発点でつまずけば、私たちはリンカーンが言った「我々の本質である善の天使［人間の良心］」に忠実とは言えない。「インクルージョン安全性」を認めなければ、私たちは自らの「意図的な盲目［気づいているのに見て見ぬふりをする］」と戦い続け、そこで受けた傷を、自分たちの独自性や優位性についての魅力的な物語で癒やすことになる。ちょっとした身びいきだったらたいした問題ではないが、それがもっと強力なナルシシズムに満ちた極度の自己優越感によるものだと深刻だ。

社会のどの活動単位においても、人を評価・判断するよりも先に、受け入れる環境をつくることが大事だ。その人の状況よりも人であることが優先される。状況を評価すべき場面があるかもしれないが、誰かを受け入れる際にテストは不要だ。人格を評価して欠けている部分があるかどうかを調べるべきでない。受け入れるかどうかは、人格や能力とは関係ない。性別、人種、民族、教育などといったほかの要素とも無関係だ。「インクルージョン安全性」の段階では、「害を及ぼす」というたった一つを除いて、失格理由は存在しない。

これは社会における暗黙の契約であり、唯一必要とされているのは、互いに「尊重」し、所属を「許可」することだ。法律でこの関係を強制することはできない。もちろん差別を禁止する法律はすでにあるが、法に触れない形で差別する方法はいくらでもある。

「インクルージョン安全性」があるかどうかを判別するテストの例を紹介しよう。私には車が2台ある。1台は古くてさびつきがあり走行距離が50万キロメートルを超える。売っても375ドル程度。もう1台は黒のスポーツセダンだ。これを整備工場に出すと、作業員は快く応じてくれる。古い車を持ち込むと、作業員は少し軽蔑したような態度を取る。どちらの場合も、車を社会的ステータスの指標と見なし、私が乗ってきた車を基準に、「インクルージョン安全性」を与えるか否かを決める。あるときは冷たく無視するが、あるときは親切に世話を焼く。猿が木の実を好むように、人はステータスが大好きだ。だからステータスの指標に敏感に反応する。

Key Question

重要な質問

あなたは相手のステータスが高いか低いかで、扱いを変えるか？
もし変えるなら、その理由は？

「インクルージョン安全性」を得るには何が必要なのだろうか。二つの要素が考えられる。人間であることと、無害であることだ。この二つの要素を満たせば、「インクルージョン安全性」を得る資格がある。一つの要素だけなら、資格は与えられない。偉大な奴隷解放運動家であるアフリカ系米国人のフレデリック・ダグラスは「インクルージョン安全性」について端的にこう述べている。「私は人類の権利に勝る人種の権利を一つも知らない」。この言葉は、人種だけでなくあらゆる特性に当てはめることができる。「インクルージョン安全性」を広めるとき、私たちは「ともに人類である」というより大切な絆をよりどころにして、互いの違いを乗り越える。

心理的安全性の第1段階における「尊重」と「許可」を定義したのが表1だ。この段階における「尊重」とは、単純に個人を人間として尊重することを意味している。「許可」とは、他者があなたの個人的な社会に入り交流することを許すこと。そして、

表1　第1段階 インクルージョン安全性

段階	尊重の定義	許可の定義	社会的交換
1 インクルージョン安全性	その人を人間として尊重	組織に入るための許可	人間であり無害であることに対しインクルージョンを与える

「社会的交換」とは、互いに危害を加えないことを前提に、「人間であること」と引き換えに「受け入れる」ことを意味している。

すべての人に「インクルージョン安全性」を広げるべきだとわかっているにもかかわらず、私たちは他人を排除し、境界線を見張ることに長けてしまい、人類という家族を分裂させ、分類し、階層化している。また、あるときは、部分的に、あるいは条件つきで「インクルージョン安全性」を認めたり、広げた安全性を取り消したり、留保したりする。

Key
Concept

重要コンセプト

人間であるという事実に基づいて「インクルージョン安全性」を認めるのではなく、外見、社会的地位、裕福さなど本質的価値とは関係のない指標をもとに他人を判断しがちだ。

キムチと人間性

大学院生だったころ、私は奨学生として韓国の国立ソウル大学で研究する機会を得た。同大学の社会科学研究センターに到着した日、アン・チョン・シ教授が私を温かく出迎え、センターのスタッフやほかの研究員を紹介してくれた。2人の韓国人大学院生が昼食に誘ってくれた瞬間、それまでの不安がインクルージョンの安心感で置き換えられた。私は異質で、よそ者で、なじめそうもない存在だったにもかかわらず、仲間外れにされることはなかった。食堂で餅入りのスープが入ったお椀を手に座っていると、ほかの学生や教職員が挨拶に来た。隣に座った学生がためらいがちにキムチの入った皿を差し出してくる。それはまさに、「インクルージョン安全性」の特別な経験の始まりだった。

彼らにとって私は目新しい存在だったが、そこで経験した「インクルージョン安全性」はただの「おもてなし」ではなかった。本心からでなくても、礼儀正しい態度を取ることは誰でもできる。そのような行動は、良識や礼節という一般的なルールに、形式的に従っているだけだ。しかし、ソウル大学の学生たちは初日にだけ親切にしてくれたのではない。30日後も60日後も親切だった。私は明らかに彼らの社会集団の外側にいて、しかも、義務感からよそ者に優しくできる期間を過ぎてもまだそこにいた。それなのに、センターで何カ月か過ごしたあとも、誰も当初の「インクルージョン安全性」を縮小しなかった。そこには本当のインクルージョンがあった。

Key Question

重要な質問

長い人生においては、誰にも「インクルージョン安全性」が大きな違いを生む瞬間がやってくる。困難な状況で誰かが手を差し伸べてくれたときだ。

あなたはいつそのような経験をしたか？

それがあなたの人生にどのような影響を与えたか？
あなたもまた、同じように救いの手を差し伸べているか？

これを歴史的な文脈から見てみよう。韓国は儒教が深く浸透している国として知られていて、伝統的に階層、不平等などを価値として受け入れてきた。その一方で、人権の歴史は短い。最近では、政治的な要請から人権が認められているが、宗教的あるいは哲学的な自然法則、不可侵なもの、神が授けた権利といった意味で人権が理解されているわけではない。韓国では、権利は道徳的というより道具的、不可侵というより交渉的、絶対的というより法的なものとして理解される。儒教には、理性的にも、法的にも、道徳的にも、インクルージョンの土台が欠けているが、代わりに集団の調和と安定を図るために、忠義、献身、誠実さ、権威への服従が重視される。

これらが意味しているのは、私は部外者である、ということだ。韓国の社会や階層には、私の居場所がない。それなのに、韓国の友人たちは、儒教の伝統を超える形で、私を受け入れてくれた。普段のやり方をやめて、より高度な人間性の原則を優先し、違いにこだわるのではなく、仲間意識を重視した。[注3]では、私は韓国人になれたのか？

彼らの社会と文化に、全面的に受け入れてもらえたのか？　そうではない。それなら、彼らが「インクルージョン安全性」を広げてくれたのはなぜか？　宗教、民族、社会経済、地理、文化、政治、それとも法律？　それらのどれも、彼らが私を受け入れた理由ではない。それは互いに人間であるという超越的で根源的なつながりに基づいており、そのおかげで分離主義を超えて、私は普遍的な家族の一員として認められた。

Key Question

重要な質問

「インクルージョン安全性」を生み出すには文化的な違いの理解が役に立つが、そこを掘り下げる必要はなく、違いの存在を敏感に感じ取り、尊重するだけでいい。

あなたは自分のチームに存在する文化的な違いをどう感じ、どう尊重しているか？

平等という概念の強化

「制度が公正なのは、基本的な権利や義務の付与において、個人間に恣意的な差別がない場合である」[注4]。哲学者ジョン・ロールズのこの言葉は、私たちに根本的な真理を思い出させる。意識的（あるいは無意識的）な偏見に基づいて社会単位からメンバーを排除する行為は、差別にほかならない。「相互の協力が永遠に続くシステムを構築する」には、そのような差別をなくさなければならないと、ロールズは説く。[注5]

違いは常に存在するが、それが障壁になってはならない。多数派と少数派も常に存在するが、相手を排除することなく一つの集団に融合すべきだ。人はそれぞれ違っていていい。

互いのことを知らないのだから受け入れられない、と反論する人もいるだろう。では、どうすればよく知らない人を認め、受け入れ、許容し、団結できるのか。ある研究によると、チームメンバー間の親密さやそれまでの交流で培ってきた関係の質が、心理的安全性を高める重要な要素であることがわかっている。[注6]「インクルージョン安全性」の拡大は、成熟した愛情や好意をさらに広げることではない。人の感情は期待や思い込みでしかないが、それでも現実にそれが現れてしまう。外国人嫌いは、無知、恐れ、ねたみ、あるいは優越感に対する不当な欲求から生まれる。

Key Concept

重要コンセプト

神は私たち人間を異なる土からつくったのかもしれない。しかし、自分の土が他人の土よりも優れているという根拠はない。

「インクルージョン安全性」は獲得するものではなく、与えられるものだ。人は誰も当然与えられるものとして「インクルージョン安全性」の権利を有している。それなくして、文明を維持することはできない。[注7] 私たちは互いに「尊厳」と「尊重」を渇望し合うため、「インクルージョン安全性」を広げる（または留保する）行為は、必然的に道徳的な行為である。危害を加えられる恐れがないのなら、価値判断なしに「インクルージョン安全性」を与えるべきだ。「インクルージョン安全性」は人間社会の接着剤として、あなたが重要だという心地よい安心感を与えてくれる。もしあなたがリーダーで、部下に力を発揮してもらいたいなら、人には承認欲求があり、それが満たされることを必要とし、全員がそれに値するという普遍的な真理を十分に理解していなければならない。「インクルージョン安全性」を確保するには、私たちの価値に差はなく同等であると理解しなくてはならず、それを否定する偏見、差別、先入観を捨てなければならない。

誰もがインクルージョンに値し、仲間として結びついて尊重に満ちた社会交流を享受する権利を持ち、礼節を重んじることが種としての人間を定義するのなら、自己中心主義や自民族中心主義は打破しなければならない。国やコミュニティー、組織だけがその対象ではない。[注8]家庭でも、互いを疎んじたり、差別したり、従属させようとしたりする行為が横行している。親と子が互いに無視し合ったり、傷つけ合ったりすることもある。そうしたことをやめて、友情や愛情の手を差し伸べ、真の人間的なつながりが達成された瞬間、素晴らしい喜びが満ちる。

「インクルージョン安全性」の付与、留保、剥奪

高校を卒業後、私はアメリカン・フットボールのディビジョン1でプレーする選手として、ブリガム・ヤング大学からスポーツ奨学金を得た。夏のトレーニングキャンプに参加するため1カ月早く入学した新入生たちは、練習場の近くにある寮に住むことになった。民族的にも文化的にも多様な若者たちが、軍隊のブートキャンプのような非常に統制された環境にいきなり放り込まれたのである。

私たちは入寮の瞬間から個人の自由と空間を放棄し、一緒に食事し、眠り、シャワーを浴び、汗をかくことになった。アメフトというスポーツが日常生活のすべてを支配した。チームは黒人、白人、ポリネシア人［ハワイ、ニュージーランドや太平洋の島国に住む人々］の三つの人種で構成されていた。これ自体は珍しいことではない。新入生は全米から集まっていたが、この人種構成はほとんどの人にとって身近なものだった。私たちはアメフトという多様な民族が集まる独特の文化にどっぷりと浸かっていたので、その規範と実力主義を十分に認識していた。

学生たちにとっての課題はむしろ、ダーウィンの「適者生存」とみんなで仲良く暮らす「共同体主義」が両立する社会を構築することだった。アメフトのチームは他校のチームと競い合う。しかし、チーム内でもレギュラーポジションを目指して選手同士が争う。外的な競争は組織的であるが、内的な競争は個人的で、隣のベッドで寝ている選手と競い合うこともある。それは限られたレギュラー選手枠を巡ってのゼロサムゲームだ。競争要素を導入すると、社会の力学が変化し、「インクルージョン安全性」の付与と留保の条件も変わる。選手同士は協力関係にあると同時に敵対関係にもあるという考えが支配的で、この二面性はずっと続いた。チームメイトは味方でも、敵でもある。

チームスポーツという環境は、メンバー間の親密さをどんどん深めてくれる。この点は心理的安全性の形成にとって非常に重要だ。マサチューセッツ工科大学（MIT）のヒューマン・ダイナミクス・ラボによる研究が証明しているように、人は互いを早く、深く知れば知るほど、よりたくさん協力し合えるようになる。[注9] 接点や機会が増えれば増えるほど、共感性は増す。

翌日から練習と競争が始まるとわかっていた私たちは、出会った初日、ゆっくりと距離を縮めた。すでに協力意識とライバル意識の衝突が起きていたため、最初の挨拶では、自分と異なるポジションの仲間には温かく、自分と同じポジションの仲間には冷ややかだった。どの選手も輝かしい経歴を引っさげてこの場に来ている。だから威張ったり、偉そうに振る舞ったりするのは不安の表れであり、期待されるほど優れた選手ではないことを示すシグナルだった。

競争の激しい現代のスポーツでは、過去のキャリアを言いつくろってもすぐにばれてしまう。パフォーマンスこそすべてだ。私たちにはアメフトという共通の志があったが、チーム内での競争は分裂を招く要因だった。表向きは全員がチームのメンバーとして認められていたが、「インクルージョン安全性」を認めるかどうかは個人の判断に委ねられていた。皮肉なことに、私たちは自分たちのチームへの参加という行為において、互いを認めたり拒絶したりしていた。

その結果、結束力のある一つのチームに融合するのではなく、人種や出身地が共通する選手同士が集まった小さなグループに分裂していった。また、オフェンスライン［最前線で攻撃を担当する］の選手たちは神経質で巨体という独特な絆で結ばれ、背後のポジションの連中に扉を閉ざした。私のポジションはディフェンスライン［相手の攻撃をタックルなどで食い止める」だった。現代版の剣闘士とも言われるそのポジションでは、そのような絆は文化に反するものだった。ＭＩＴの心理学者エドガー・シャインが「自然な触れ合い」と呼んだ状態が１週間続いたころ、チーム内に規範が形成され始めた。[注10]ところがその１週間後、上級生がやってきて、新入生がつくった社会は、より大きな社会に飲み込まれていった。

私がアメフトチームに加わったときのように、人は既存の組織に参加すると、そこで長年培われた規範に基づく文化を引き継ぐことになる。ゼロベースで始められるのは、社会を新しく立ち上げるときだけだ。私たちの例では、新入生がゼロベースから仮の社会を築いたが、上級生がやって来てそれが突然解体された。新入生にとってそれは、遺物、習慣、風習、流儀、権限を満載した母艦が到着したかのような出来事だった。コーチングスタッフによって考案され、長年にわたってブラッシュアップされてきた揺るぎない規範と物事のやり方である。時間厳守のルールは？　必ず順守。身だしなみの規則は？　特になし。チーム内の規則は？　必ず順守。汚い言葉を使うのは？　どうでもいい——などだ。レギュラーシーズンに入ると、徐々に「インクルージョン安全性」が生まれ始めた。当初の対立は弱まり、団結するようになった。

しかしある日、私は「インクルージョン安全性」について生涯忘れることのできない教訓を得た。私はシーズンの中盤、深刻なけがを負った。足首を負傷し、手術が必要という診断を受けた私の立場は、突然大きく変化した。私のポジションを管轄するコーチから無視されるようになり、「インクルージョン安全性」が奪い取られた。負傷し、チームに貢献できなくなったことで、コーチにとって私はどうでもいい存在になった。つまり、コーチは人間としての価値ではなく、アメフト選手の価値に基づいて、条件つきで私に「インクルージョン安全性」を与えていた。負傷し、チームの役に立てなくなった瞬間、コーチは口には出さないけれどあからさまな無関心さを通じて、私を仲間の輪から追い出した。この無関心さが身に染みて辛かった。このように、「インクルージョン安全性」はいったん形成されたとしても、繊細で壊れやすく、永遠には続かないことを私は学んだ。

Key Concept

重要コンセプト

どの社会単位においても、「インクルージョン安全性」は付与され、留保され、剥奪されることがある。部分的あるいは条件つきで与えられることもある。

優越性というゴミ理論

理論には結果が伴う。人類はこれまで、あまりにも頻繁に不純な理論に基づいて社会を動かしてきた。今の状態がどうであれ、ほぼすべての社会には、偏見、差別、征服、隷属、搾取の過去があることを歴史家たちが証明している。政府や支配者たちは自分たちが権力を握ることを正当化するため、多くの時間を費やして「優越性」の理論を編み出してきた。それを権威あるもの、道徳的なものに見せるため、特権や権力を政治的イデオロギーとして理論に織りまぜた。[注11] 私たちは個人的にも同じことをする。つまり、自分たちに高い地位を与え、優越性に浸ろうとする。

Key Concept

重要コンセプト

私たちは自らの優越性を正当化するため、自分に都合のいい話を語りたがる。

優越性の理論とは、作家ジョージ・オーウェルの言葉を借りるなら、「すべての動物は平等だが、ある動物はほかの動物より優遇されて平等である」ことを示す試みだ。私は学生だったころ、ヒトラーの『我が闘争』を読んだことがある。嫌悪感を覚えつつも読み進めたのには理由がある。優生学をベースにしたこの狡猾な書物が、数多くの人々に影響を与えたことに興味があったからだ。「あなたはほかの誰よりも優れている。それなのに、これまで不当な扱いを受けてきた。もっと優遇されてしかるべきだ」と人に言われたら、誰も悪い気はしない。

これは、優越性理論や生物学的決定論、あるいはあらゆる知的帝国主義的な試みに例外なく共通する安直な論法だ。それらはどれも何らかの誤った根拠による優越性や選ばれた特別な人間という主張から始まり、行動を起こすように呼びかける。「君は少数派で、虐げられている。立ち上がって、自分を守れ」。不幸なことに、それらの「社会ダーウィニズム」と呼ばれる系統のばかげた理論は、緊急性と博識さをもって提示されると大抵は効果的で、人々はそれにだまされてしまう。そうした理論は、どれも偽善のたわごとであり、偏狭な愛国主義に染まっており、過去の身分制を密かに維持しようとする試みである。

Key Question

重要な質問

あなたは自分が他人よりも優れていると思うか？
もし思うなら、その理由は？

ショッキングな話だが、過去数千年にわたって、優越性理論が人間社会を支配してきた。人類初の権力に関する理論家であるアリストテレスはこう述べた。「ある者は生まれながら自由であり、ある者は生まれながら奴隷であるのは明らかであり、後者にとって、奴隷であることは好ましく正しいことである」[注12]。人は、隣人より少しでも特別でありたいという抑えがたい欲求を持っている。その証拠に、図書館に行けば数多くの優越性理論に関する本が所蔵されていることに気づくだろう。米国第2代大統領のジョン・アダムズはこう書いている。「人の本性において、ゆりかごから墓場まで人生のあらゆる段階で、男性も女性も、老いも若きも、黒人も白人も、富める者も貧しき者も、優越性に対する情熱ほど支配的なものはほかにない、と私は確信している」[注13]

歴史を振り返りつつ、「人間の本性はパラドックスや矛盾や複雑さで満ちている」

ことを前提として、私たちはこれらのことをどう弁明すればよいだろうか。自然権の歴史を数あるプロパガンダの一つとして片づけるのは危険であり、正しくない。私たちはすでに何度も、虚栄心を道徳哲学にように、エリート主義を自然に階層化された天が定めた秩序のように装ってきた。

幸いなことに、そうした偽装工作に賛同しない人も多い。だが、賛同する人も少なくない。現代社会は、血縁による貴族制度という壮大な理論を否定して久しいが、同じような理屈の理論を生み出し、育て、継続させている。そうした理論が、ステレオタイプ、敵意、偏見、先入観として、人々の価値観、考え方、行動の中に居座り続けている。

ジュネーブ製鉄所で工場長として仕事を始めたころ、私は工場を何度も視察した。敷地内にある施設から別の施設へと移動し、対話集会を行い、生産やメンテナンスに携わるマネジャーや労働者に声をかけた。スタートはコークス工場。そこから溶鉱炉、製鋼、鋳造、圧延機、仕上げ、出荷、輸送、そして中央メンテナンス施設を回った。

コークス工場では、2人の労働者が私に近寄ってきた。ヘルメットと安全ゴーグルを外したその顔は、汗とすすにまみれていた。「クラークさん、私たちの部門に足を運んでいただき、ありがとうございます」。その態度には敬意があふれていた。「あなたが工場長になったばかりで、これから全部門を訪問すると聞いています。ですが、私たちの部門はほかとは少し違うということを知っておいてほしいのです。当部門はほかよりも少し複雑で、その仕事をこなすにはかなりの専門知識が必要です。私たちがいなければ、工場は明日にでも閉鎖されるでしょう」。彼らには言いたいことがあり、実際にそれを口にした。私は丁寧に「教えてくれてありがとう。フィードバックに感謝します」と応じた。

そのシーンはすべての部門で繰り返された。相手は違うが、台本は同じだった。私は1週間の視察を通じて、どの部門もほかの部門よりも少しばかり重要で、自分たちのことをほかの部門の人にはできない何かができる特別な人間だ、と考えていることに気づいた。彼らはみな、自分を際立たせるために、仲間をやんわりと押しのける。おそらく、私たちはみな、彼らと同じようなことを主張して（あるいは、主張したいと考え）、優越性という大きな錯覚の餌食になったことがあるのではないだろうか。

Key Question

重要な質問

インクルージョンの道徳原則は、あなたにとって好都合な真実か、それとも不都合な真実か？

エリートと庶民

米国憲法は人権を高らかに宣言し、世界を明るく照らしているが、合法化されていた差別を克服し、誤った優越性の土台を解体するまでには、何世代もかかった。1776年、アビゲイル・アダムズ〔米国第2代大統領ジョン・アダムズの夫人〕が夫のジョンにこう書いている。「どうか女性のことを忘れないでください。私たちは、女性の発言権や代表権を認めない法律に縛られたくありません」。2年後、それまで植民地だった地域が米国憲法を批准した。同憲法はすべての人間の平等を認めた最初の政府憲章だったが、奴隷制度を認めるなど例外を許し、自らの理想に反していた。奴隷の価値を「普通」の人間の5分の3と見なし、さらには、女性に投票権を与えなかった。女性には財産を所有することも、賃金を得ることも、さらに州によっては夫を自分で選ぶことも認めなかった。米国憲法はインクルージョンをうたっていたが、人々は多くの場面で「排除」を実行してきた。ほかの多くの国と同じで、米国でも優越性理論が人々の心に深く浸透している。そのため、インクルージョンの価値観が根づくまでには、まだ何世代もかかるだろう。[注14]次に挙げる公式に行われた排除の例について考えてみよう。

- 1790年、議会が帰化法を可決し、白人のみが国民になれると宣言した。
- 1830年、議会がインディアン移住法を可決し、ネイティブアメリカンを先祖代々の土地から追い出した。
- 1863年にリンカーンが奴隷解放宣言を発表したが、ジム・クロウ法（人種差別法）を可決して差別を強化し、最高裁判所は「分離しても平等」の法原理を維持した。
- 1882年、議会が中国人排斥法を可決し、中国人の移民を禁止した。
- 1910年、10歳から15歳の児童160万人が工場で働いていた。1938年に公正労働基準法が制定されるまで、児童労働は禁止されなかった。
・1920年に憲法修正第19条が可決されるまで、女性に投票権がなかった。
・1942年、フランクリン・D・ルーズベルト大統領が12万7000人の日系米国人を西海岸から強制収容所へ移送することを承認した。
・ヒスパニック系米国人労働者は1950年代まで組合の結成を許されなかった。
・1965年の移民法制定まで、以前の移民法から意図的かつ体系的な偏見を一掃できなかった。

では、文化的にはどうなのか？　私たちは不平等を是正し、男性優位やアングロサクソン優位の考えを捨てるのに今も苦労している。私の10代の娘は「パパ、男女の賃金格差はどうして今もあるの？」と疑問を口にする。

私たちは、差別的な政策のほとんどを撤廃してきたが、その際に心も変わったのだろうか。社会はインクルーシブになったのか。英大手コンサルティング会社アーンスト・アンド・ヤングの最近の調査によると、上司や雇用主を信頼している従業員は半数にも満たないそうだ。[注15]　信頼のない場所では排除が起きる。人と人を結びつけるのは信頼であり、この数字の低さは危険だ。[注16] もし、頻繁な交流を通じて生じる親密さが偏見や不信感をなくすのであれば、なぜこれほど信頼度が低いのだろうか。

これを「社会とコミュニティー」という構図で考えてみよう。[注17] 人は、大きな意味での社会は不満に満ちているが、その中にある小さなコミュニティーは信頼できるはずだと考える。政府よりも組織のほうが、組織よりもチームのほうが信頼に値し、チームより家族のほうが信頼できると想定する。信頼が最も厚いのは夫婦間だ。このように、大きな社会から小さな社会へ移行するにつれて、他人との交流はより誠実になり、労力が減るはずだ、と考える。[注18] もしこの考えが正しいのなら（私は正しいと思う）、私たちは互いに「インクルージョン安全性」を与え合うまで、どこにもたどり着けないことになる。

では、誰がその邪魔をしているのか。心理学者のキャロル・ドウェックはこう言う。「あなたの失敗や不幸が他人を脅かすことはない。優越感から自尊心を得ている人々にとって問題になるのは、あなたの資産や成功だ」。[注19] 私たちは、不安がゆえに互いを認め合おうとしない。認め合うことこそが不安を癒やす特効薬であるというのに。皮肉な話だ。そして満たされない欲求が、嫉妬、恨み、軽蔑として表に出てくる。社会は不誠実さであふれ、憎しみが成長産業になった。

Key Concept

重要コンセプト

人を排除するのはその人を本当に嫌っているというよりも、個人的に満たされていない欲求や不安のせいであることが多い。

あなたにも、よく知らない人に対して最初は疑心暗鬼になったり、批判的になったりしたが、その人を深く知ってから態度が一変した経験があると思う。「違い」は反発の原因になりがちだが、評価をやめれば違いを受け入れることができる。大学時代、私は過激な主張で知られる教授の授業を取り、覚悟をして臨んだ。ところが授業を受けてみて、教授が自分とは異なる視点で考えていることがわかり、私たちは素晴らしい関係を築くことができた。意見は一致しなかったが、互いに尊敬の念を抱き続けた。私たちは、互いに向き合うことがなければ、何かと理由をつけて「インクルージョン安全性」を認めなかっただろう。もしそれぞれが相手の人間性を否定すれば、互いに憎しみ、傷つけ合う許可を出したことになる。

私は以前、互いに「インクルージョン安全性」を認めない経営幹部のチームと働いたことがある。彼らは企業の法務担当者だったが、自分以外のメンバーとの違いを認めようとせず、チームは機能不全に陥っていた。互いに罵り、責任を押しつけ合い、同じ部屋の空気を吸うのも嫌なほどだった。あるメンバーが私にこう話した。「互いに好意を持つ必要はない。仕事さえきちんとすれば、ほかのことはどうでもいい。私は仕事をするためにここにいる。人間関係など気にしない」

また、別のケースでは、あるリーダーは「インクルージョン安全性」を意図的に与えたり認めなかったりすることでチームメンバーに支配力を誇示した。そのリーダーの下では、気に入られたと思ったら突然嫌われ、尊重され話を聞いてもらえたと思ったらいきなり無視され、褒められたと思ったら忘れられ、助言を受けたと思ったら強要され、癒やされたと思ったら傷つけられる。ここではっきりさせておこう。他者を操ろうとする心理戦は、人間をもてあそぶ虐待にすぎない。そのようなやり方は、道徳的に最も恥ずべき行為だ。

厚い信頼の場としての家族

「受け入れる」という言葉は、「受け取る」ことに同意するという意味を持つ。「インクルージョン」という単語は、グループと関連やつながりのある状態を指す。ここでは家族との関連で、この二つの単語について考えてみよう。夫と妻の関係は、相手を受け入れるという同意の上に成り立っている。この両当事者の同意から、家族という新しい社会単位が生まれる。どちらか一方が相手の加入を拒めば、この社会単位は機能しない。法的には婚姻関係にあっても、現実には2人の結びつきは失われる。

婚姻関係はほかのどの社会集団よりも相互依存が基盤となっている。とても壊れやすいけれど、最も厚い信頼の領域になるように設計されている。当事者はいつでも、相手に認めていた「インクルージョン安全性」を撤回できる。互いが相手に与える「尊重」と「参加許可」が、相互依存と成功、そして幸福の基盤になる。この「インクルージョン安全性」は動的で、劣化しやすい。そのため、毎日補充しなければならない。特に婚姻関係において「尊重」は、「優しさ」「献身」「犠牲」などの行動に変換される必要がある。「尊重」を示す行動を取り続けなければ、関係はおろそかになり、最後には消えてしまう。しかし、夫婦がともに関わり、相手に同等の力と参加を認める関係であれば、持続的で高いレベルの「インクルージョン安全性」と、双方にとって深く充実した生活をもたらすだろう。

親子の関係の場合、少し違ってくる。子どもたちは一方的な依存関係で人生をスタートさせるが、学び成長するにつれて相互依存の関係に移行していく。「完全な独立」という考えはフィクションにすぎない。成長の過程では、「愛情」と「責任」のバランスが極めて重要だ。親は悪い行いを許すべきではないが、悪い行いをした子をとがめるべきでもない。子どもは持続的な「インクルージョン安全性」に包まれて育つことで、権利と責任の多くを学ぶ。愛情と責任という捉えどころのない組み合わせに、多くの人がつまずいてしまう。私も何度もつまずいた。しかし、私は子どもたちを困惑させながらも、「君たちを愛しているが、責任を取るのは君たち自身だ」と伝えるようにしている。

Key Question

重要な質問

家族という基本的社会単位は、「インクルージョン安全性」についての学びを得ることができる最初の実験室だ。

あなたは家族から「インクルージョン安全性」を学んだか？

もし学んでいないなら、あなたが家族の中で変化を起こし、次の世代のために「インクルージョン安全性」の手本になってみないか？

信じられるまで信じる努力をする

誰かに「インクルージョン安全性」を与えるべきかどうかの確信が持てないときはどうすればいいのか。心の奥底に染みついた偏見や先入観をどうしても拭い去れないとき、それを克服する手段はあるのだろうか。カフカの言葉を借りるなら、「我々の内なる凍った海を砕く斧[注20]」はどこにあるのか。その際、「自分の心が変わるのをじっと待つ」というやり方はうまくいかない。

他人の個性に関して、ネガティブな偏見がまったくない人などいない。しかし、それに関して非難されてしかるべき人はいる。私たちは自分の偏見や先入観と誠実に向き合い、それらを取り除く努力をすべきだ。ダイバーシティーは選択肢ではなく、それを受け入れるのが、私たちの務めだ。

Key Question

重要な質問

自分にはどんな偏見があると自覚しているか？
自覚できていない偏見を持っていないかを信頼できる人に尋ねてみよう。
あなたはどんな場面で、ソフトな形での排除を行い、その壁を維持しているか？

まず、自分自身を愛することを学ぼう。自尊心が低い人はなかなか他人を受け入れられない。自尊心の高さは対人関係に関する行動に影響する。心理療法士のナサニエル・ブランデンが指摘するように、「価値観と自律性が十分に発達していることと、その人の優しさや寛大さ、協調性、相互扶助の精神との間に大きな相関があることが研究で明らかになっている」[注21]。自尊心を高める最善かつ最速の方法は、自分の能力と自信を高め、他人のために（特に「インクルージョン安全性」を与えたくないと思えるような人のために）奉仕することだ。

ほとんどの組織がダイバーシティーとインクルージョンの実現のために用いている従来のアプローチについて考えてみよう。多くの企業は、多様性のある組織をつくるために大きく前進したが、インクルージョンはまだ達成できていない。人間にさまざまな違いがあることを表現し、あたかも自分たちがインクルージョンの文化を持っていると自画自賛する組織もあれば、インクルージョンを浸透させるため、違いに対する認識や理解、感謝を従業員に教えている組織もある。どれも良いことではあるが、うわべだけの対応だ[注22]。人は自身が脅かされていると感じると守りの態勢に入り、不安が頭をもたげて、偏見を持った初期設定の状態に戻ってしまう。より良い方法は、人々にインクルージョンを実践する機会を与えることだ。多様なチームをつくり、メンター制度やピア・コーチング［上司・部下間ではなくメンバー間で行うコーチング］などを活用して、体験的に学ぶほうがいい。

Key Concept

重要コンセプト

実践を通じて、インクルージョンを学ぼう。インクルージョンを信じられるようになるまで、実践を続ける。

インクルージョンの実践は、確証を生み出す。[注23] 行動への呼びかけはいたってシンプルで、「人それぞれの価値を認めよう」だ。それはつまり、自分が他人の価値を実感するまで、そのふりをしろと言っているのか？　優しさを装う？　見せかけ？　インクルージョンを重視する人間の仮面をかぶれということ？　そうではない。私が言いたいのは、本心から真剣に努力することだ。

Key Concept

重要コンセプト

人々に愛情のある行動を示し続ければ、心からその人々を愛せるようになる。

愛情は、愛するという行動の報酬である。実際、ほかの人に尽くさなければ、関係は表面的なものにとどまり、距離を縮めるまでは疑心暗鬼にさえなる。親密になって、ともに暮らし、働き、食事し、同じ空気を吸うことで、尊敬と愛情が芽生える。あなたが個人やグループを愛したい（あるいは愛すべき）とわかっているのに愛せないとき、時間が過ぎるのを待っても何も変わらない。状況を変えることができるのは行動だけだ。愛という感情を表現しよう。

私はこれまで、世界のあらゆる地域から来た人々と暮らし、働いてきた。彼ら全員を愛しているが、それでも、どの国も、どの社会も、どの家族も、自分たちを特別だと思っていることに気づいた。この「特別」という言葉を「ほかにない」あるいは「独特」という意味で使うのなら異論はない。しかし、「他人よりも優れている」という意味で使うのなら、その理由はよくわかる。私たち誰もが認められたい、重要な存在でありたいと願っている。しかし残念なことに、私たちはしばしば他人を低く見ることで、自分がより重要な存在になったかのように思いがちだ。他人を見下すことで得られる優越感は、思い上がりでしかない。

Key Concept

重要コンセプト

偏見の牢獄の中で生きている者は、決して幸せにも自由にもなれない。[注24]

Key Question

重要な質問

あなたにとって何の害もない人やグループに対して、「インクルージョン安全性」を認めにくいと思っているケースはあるか？

また、それはなぜだろうか？

重要コンセプト一覧

List of Key Concepts

- 他人を受け入れるという選択が人に活力を与える。
- 子どものころは自然にインクルージョンを認めるが、大人になってからは不自然にエクスクルージョン（排除）を行う。
- 相手を受け入れることは、人間であるという本質に基づいて行うべきことであり、相手の価値評価に基づく行為であってはならない。
- 人間であるという事実に基づいて「インクルージョン安全性」を認めるのではなく、

外見、社会的地位、裕福さなど本質的価値とは関係のない指標をもとに他人を判断しがちだ。

- 神は私たち人間を異なる土からつくったのかもしれない。しかし、自分の土が他人の土よりも優れているという根拠はない。
- どの社会単位においても、「インクルージョン安全性」は付与され、留保され、剥奪されることがある。部分的あるいは条件つきで与えられることもある。
- 私たちは自らの優越性を正当化するため、自分に都合のいい話を語りたがる。
- 人を排除するのはその人を本当に嫌っているというよりも、個人的に満たされていない欲求や不安のせいであることが多い。
- 実践を通じて、インクルージョンを学ぼう。インクルージョンを信じられるようになるまで、実践を続ける。
- 人々に愛情のある行動を示し続ければ、心からその人々を愛せるようになる。
- 偏見の牢獄の中で生きている者は、決して幸せにも自由にもなれない。

○あなたは相手のステータスが高いか低いかで、扱いを変えるか？　もし変えるなら、その理由は？

○長い人生においては、誰にも「インクルージョン安全性」が大きな違いを生む瞬間がやってくる。困難な状況で誰かが手を差し伸べてくれたときだ。あなたはいつそのような経験をしたか？　それがあなたの人生にどのような影響を与えたか？　あなたもまた、同じように救いの手を差し伸べているか？

○あなたは自分のチームに存在する文化的な違いをどう感じ、どう尊重しているか？

○あなたは自分が他人よりも優れていると思うか？　もし思うなら、その理由は？

○インクルージョンの道徳原則は、あなたにとって好都合な真実か、それとも不都合な真実か？

○あなたは家族から「インクルージョン安全性」を学んだか？　もし学んでいないなら、あなたが家族の中で変化を起こし、次の世代のために「インクルージョン安全性」の手本になってみないか？

- 自分にはどんな偏見があると自覚しているか？　自覚できていない偏見を持っていないかを信頼できる人に尋ねてみよう。あなたはどんな場面で、ソフトな形での排除を行い、その壁を維持しているか？
- あなたにとって何の害もない人やグループに対して、「インクルージョン安全性」を認めにくいと思っているケースはあるか？　また、それはなぜだろうか？

第２段階

学習者安全性

真の学習は競争意識が消えたとき始まる。
――ジッドゥ・クリシュナムルティ――
［インドの哲学者・宗教家］

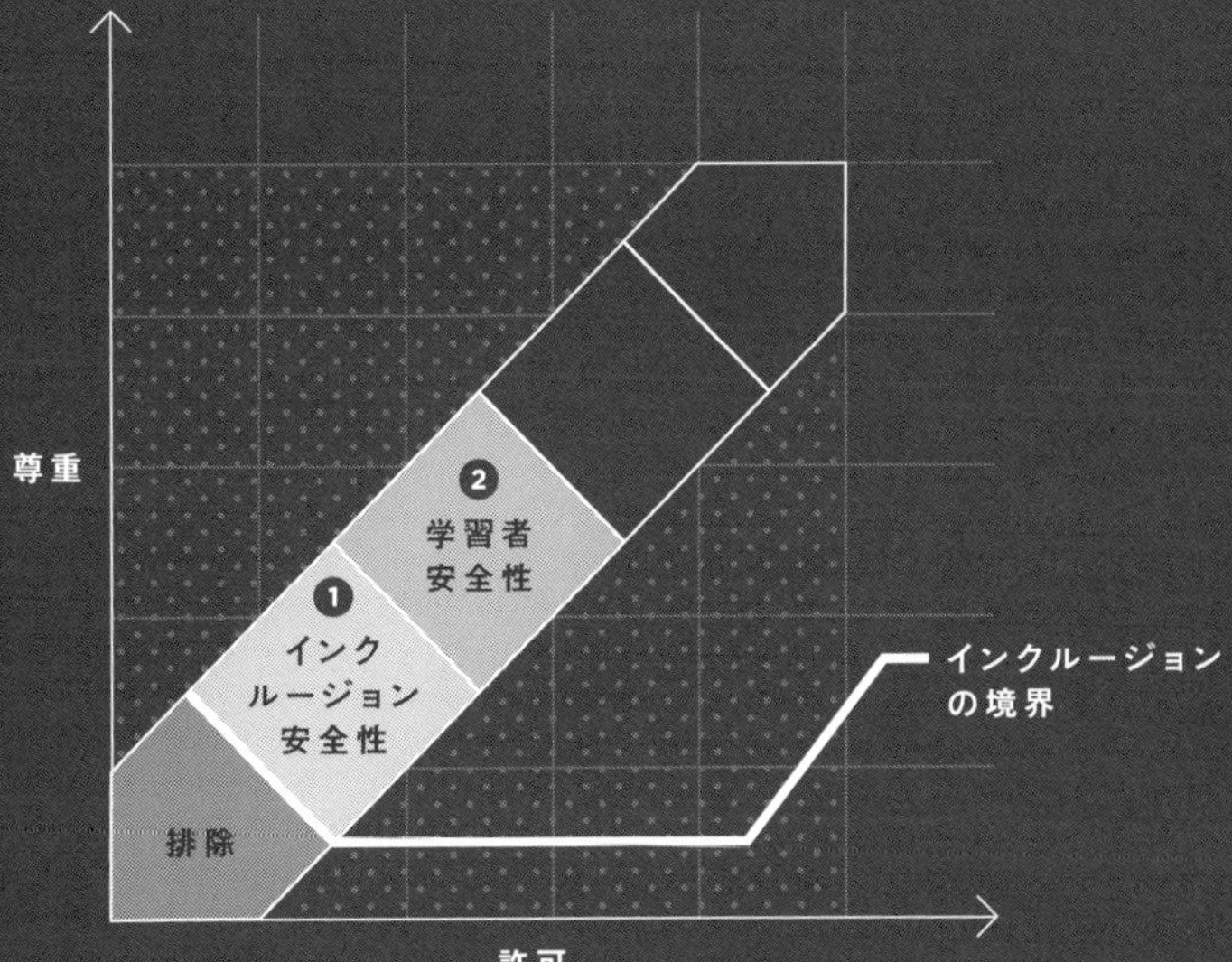

図６　インクルージョンとイノベーションの実現への第２段階

学習と成長の欲求

心理的安全性の第2段階では、人間であるということから人間の欲求に焦点が移る。人は拒絶されたり無視されたりすることのない状態で物事を学びたいと思う。これが生まれつき持っている学習と成長への欲求だ（図6を参照）。

米国では26秒ごとに高校生が1人中退している。[注1] こうした生徒は心の余裕がなくてドロップアウトしたと考えていいのだろうか。学習障害に苦しんでいる若者を除けば、ほとんどの高校生は学び、卒業し、プライベートでも職場でも成功を勝ち取る能力を十分に備えている。生徒が退学するのはほとんどの場合、授業に追いつけなくなり、家庭では親からのサポートが得られず、学校では無関心な学習環境に置かれるからだ。[注2]

Key Concept

重要コンセプト

荒廃の真の定義は、落ちこぼれても誰も気にかけないことだ。

米国には慢性的に中退率が高い高校が約2000校あり、研究者から「ドロップアウト・ファクトリー」と呼ばれている。[注3] そうした学校を注意深く観察すると、「ネグレクト［無関心、放置］」のパターンが見えてくる。落ちこぼれの生徒たちは精神的に孤立する。時間がたつにつれて自信を失い、敗北を味わい、そしてやめていく。無関心や目配りの欠如はその人のアイデンティティーを蝕む。心に芽生えた不安がどんどん大きくなり、最後には文字通り「自分にはできない」と思い込んでしまう。見捨てられた彼らを誰も救おうとしない。

Key Concept

重要コンセプト

ほとんどの場合、生徒が挫折する前に、親と学校が諦める。

Key Question

重要な質問

精神的に苦しんでいながら学業で成功した人物を何人知っているか？

「学習者安全性」がない危うい状況をつくる精神的危機には、（1）ネグレクト、（2）

人心操作、（3）抑圧の三つのパターンがある。中退者の多い学校やクラスは最初のパターンの「ネグレクト」が多い。職場ではどうか？　従業員がやる気をなくして沈黙に陥るのは、多くの場合、敵対的あるいは虐待的な環境に対応するときだ。恐怖心は嘲笑、いじめ、嫌がらせ、脅迫、威嚇の結果生まれる。これらの行動は、「人心操作」と「抑圧」のパターンに当てはまる。

私は最近、沈黙に陥ったチームとともに1日を過ごしたことがある。たくさんのチームに協力してきた経験から学んだのは、不自然な沈黙はリーダーによってメンバーが抑圧されている証拠だ。このチームは長期計画を立てようとしていたが、誰も発言しようとしない。自己検閲の本能が場を支配していた。言い換えれば、メンバーは恐怖心のあまり、自らに降りかかるリスクを最小化しようとしていた。チームは大型プロジェクトで失敗したばかりで、メンバーはその後遺症に苦しんでいた。メンバーが苦しんでいたのは失敗のせいではなく、リーダーからの軽蔑がチームを凍りつかせていた。沈黙は、拒絶、侮辱、あるいは何らかの罰を受けたときの正常な反応で、メンバーは何も発言できなくなり、仕事へのやる気をなくす。

やっかいなのはそうした虐待が容認されている場合だ。このチームのリーダーはメンバーを精神的に傷つけていたが、その行為に対して誰も反発しなかった。そのリーダーは相手構わずハラスメントを繰り返していた。ミーティングのあと、チームの女性メンバーと話す機会があったので、リーダーはいつもああなのかと尋ねてみたところ、「そうだ」という答えが返ってきた。権力のあり方について話す機会が来たと思い、私は「どうして我慢するのか」と聞いた。答えはこうだ。「もう慣れてしまいました」

Key Concept

重要コンセプト

心理的安全性の低い学校はネグレクトの温床に、職場は嘲笑がはびこる場所になりやすい。

心理的安全性が低い学校は、生徒のことも成績も気にかけない。一方、職場の場合、従業員個人のことは気にかけないが、その人のパフォーマンスには厳しい。どちらも問題だが、中身が違う。心理的安全性の低い家庭では、精神的危機の三つのパターンのすべてが見られる。ネグレクトもあれば、人心操作もある。最も不幸なケースでは、過酷な抑圧も見受けられる。

Key Concept
重要コンセプト

敵対的学習環境とは、家庭、学校、職場のいずれにおいても、恐怖心が自己検閲本能を誘発し、学習プロセスを遮断させてしまう場所である。

恐怖に支配された学校では、競争に敗れた生徒は落ちこぼれ、自信のある生徒はうつむきがちになる。同じことが職場にも当てはまる。優秀な人材はほかにも選択肢があるので去っていき、選択肢のない普通の人はそこにとどまる。そうすると、生産性は低下する。精神的危機に陥った家族の場合は、どのパターンかにかかわらず、子どもたちが萎縮し、学業面もつまずきやすい。

Key Concept
重要コンセプト

「教えられる」のではなく「罰を与えられる」環境に置かれると、それがネグレクト、人心操作、抑圧のどれであっても、人は身を縮めて思考停止状態になり、自己分析も、自己コーチングも、自己修正もできなくなる。その結果、本当の失敗、つまり「努力をやめる」ことを招く。

リーダーが社会的摩擦や精神的負担が少ない学習プロセスを構築すれば、そこに「学習者安全性」が生まれる。それには「インクルージョン安全性」を超えるレベルの「尊重」と「許可」が必要だ。なぜなら、学習プロセスそのものが、多くのリスクや脆弱性、社会的・精神的なダメージにさらされるリスクをはらんでいるからだ。「インクルージョン安全性」の場合、参加資格は人間であることと誠実さだけだが、「学習者安全性」では、自発的に質問をし、フィードバックを求め、アイデアを出し、実験することが求められ、ときには失敗もする。周りを見回し、リスクと報酬の計算を頭の中でする。「この質問をしたら、助けを求めたら、提案をしたら、わからないと認めたら、ミスをしたら、どんな代償を払うのか？　自分らしくいられるか？　頭が悪いと思われないだろうか？　試されているのか？　笑われないだろうか？　無視されないだろうか？　将来が傷つくことにならないか？　評判を落とさないか？」。どんな学習をしていても、私たちは意識的（あるいは無意識的）に、自分を取り巻く人

表2　第2段階 学習者安全性

段階	尊重の定義	許可の定義	社会的交換
1　インクルージョン安全性	その人を人間として尊重	組織に入るための許可	人間であり無害であることに対しインクルージョンを与える
2　学習者安全性	人が生まれながら持つ学習と成長への欲求に対する尊重	学習プロセスのすべてに参加することを許可	組織は学習を奨励し、メンバーは学習に励む

間関係のリスクのレベルを見極めようとする。

表2は「学習者安全性」に必要な「尊重」と「許可」の定義と「社会的交換」の要件を示している。

この段階では、「仲間として認められたい」という普遍的欲求に、「学習したい」「成長したい」が加わる。この段階への参加許可とは、学習プロセスのあらゆる場面に加わることを許すことだ。「インクルージョン安全性」では互いに礼儀をわきまえることが必要だが、「学習者安全性」ではもう一つの社会的交換が加わる。私が誰かに「学習者安全性」を与える場合、私はその人に学ぶ努力をすることを求め、期待する。私が学習者なら、リーダーや教師、コーチ、あるいは親に、学習をサポートしてくれることを期待する。つまり「学びへの努力」と引き換えに学びを奨励する。

Key Concept

重要コンセプト

「学習者安全性」の付与では、メンバーに学習の努力を求める前に、学習の奨励・サポートをすることが道徳的に望ましい。

学習者は学習プロセスに参加して自分の役割を果たす必要があるが、その方法がわからなかったり、挑戦する自信がなかったりすることがよくある。準備不足だったり、どんな努力が必要かを知らなかったりする。以前に経験した失敗や恥ずかしい思いから、学ぶ自信を失い、萎縮している場合もある。このように学習プロセスで痛い目に遭うリスクが大きすぎると思っている人に、自発的に学ぶ努力をすることは期待できない。

もしあなたが心理的安全性の低い高校で平均的なクラスの担任教師になったとしたら、生徒たちに何を期待するか？　やる気とエネルギー、集中力、やればできるという自信——とんでもない！　まずは希望から始めるべきだ。学習は命令してやらせることではなく、誘い導くものであることを忘れてはならない。リーダーがつくり出す雰囲気が、学びへの欲求をかき立て、モチベーションを高める。理想的には、「学習者安全性」とは、アイデア、観察、質問、議論の交換がメンバー間で相互に行われる状況だ。その際リーダーは、メンバーをバックアップし、「インクルージョン安全性」が欠けている場合には、それを提供することから始めなければならない。私は「インクルージョン安全性」がないまま「学習者安全性」が確保されている現場を見たことがない。「学習者安全性」は「インクルージョン安全性」の上に築かれるものである。

Key Question

重要な質問

あなたの学習能力を、あなた以上に評価してくれる教師に出会ったことがあるか？　それはあなたのモチベーションや努力にどう影響したか？

「学習者安全性」の確保は決して受動的な行為ではない。「学習者安全性」を認めるとき、リーダーは学習への支援と励ましに満ちた環境をつくり、学習者に根気強く接することを約束する。また、優れた学習の手本を示し、すべてのメンバーと学習に必要な権限、信頼、リソースを分かち合うことをコミットする。一方、学習者の社会的契約はこれとは違う。学習者は支援と励ましを（期待とまではいかないが）希望するが、前もって何かを約束することはない。なぜなら、学習とは個人的なリスクを伴うプロセスだからだ。「学習者安全性」がない状況で、学習者が学ぶ努力をすることはまずない。いわば、「環境をつくれば、人がやって来る」ということだ。つくらなくても人は来るかもしれないが、学ぶことはない。

ミスや失敗と恐れを断ち切る

5月の第2土曜日にユタ州ハイランドのローンピーク高校の体育館に足を踏み入れると、椅子がずらりと並んでいる光景を目にする。体育館が巨大な教室として利用され、300人を超える生徒たちがAP試験［カレッジボード（大学入試センター）が実施する年1回の科目別試験で、良い成績を取れば大学入学後の単位になる。通常は該当する授業を1年受け、その後に試験を受ける］の「微積分テスト［履修範囲によってABとBCのテストがある］」を受ける。高校の授業では、微積分こそが最難関だ。その怖さにもかかわらず、この高校では微積分の授業の履修希望者が急増している。なぜこの難易度の高い授業を受けようとするのだろうか？

その仕掛け人はクレイグ・B・スミスだ。エクソンモービルなどで大成功を収め、2007年に教師に転身した元電気技師だ。[注4] クレイグは平均34人のクラスで7学期にわたって微積分を教えた。私はクレイグと生徒たちに何時間も取材をし、授業を見学した。そこで見たのは、米国の高校教育が直面する困難な問題に打ちひしがれた教育者ではなく、あふれんばかりの熱意で生徒と授業に向き合う男だった。クレイグは、表向きには微積分の教師だ。しかし一方では生徒を相手に、コーチ、グリーフカウンセラー［悲嘆（グリーフ）に暮れる人に寄り添い、サポートする］、トリアージナース［救急外来などで、患者の重症度を判断し、診察の優先順位を決める看護師］として、リーダーシップを発揮している。クレイグは、全米で最も優秀な数学教師のひとりとして広く知られていて、ユタ州教育局の統計データから判断すると、最高の教師と呼べるだろう。

クレイグが教師になる1年前の2006年、ローンピーク高校でAP微積分AB試験を受けた生徒は、1000人当たり46人だった。8年後の2016年には、1000人当たり160人に増えた（約250パーセント増）。ちなみに、全国平均は1000人当たり34人だ。現在の参加率は、全国平均よりも800パーセント高い。

では、成績のほうはどうだろうか。２００６年当時、ＡＰ微積分試験に合格したローンピーク高校の生徒は１０００人当たり13人で、全国平均は１０００人当たり22人だった。２０１４年、全国の合格者数は１０００人当たり22人のままだったが、ローンピーク高校では１１４人に急増し、７７７パーセントという驚異的な伸びを記録した。地道な改善を重ねることと、抜本的な変革を行うことは別物だ。米国人のティーンエイジャーが数学の成績で先進国のトップ20にすら入れない時代に、クレイグの偉業は目を見張るものがある。

クレイグは誰もが持っている先人観や偏見を覆し、「誰でも微積分をマスターできる」という考えに変えていくことから始めた。彼の数学道場はさながら自己啓発センターであり、学習能力は生まれながらのもので変えられないという考えを否定する。[注5]「私は生徒たちの適性を判断しないようにしている」。学習の遅い生徒たちは知性に乏しいわけではなく、純粋に理解のスピードが遅いだけだとクレイグは言う。そのためクレイグは生徒の適性ではなく努力に重きを置く。生徒の能力を差別的に判断しない才能はスキルであり、同時に道徳力でもあるが、多くの教師はそれを伸ばす訓練を受けていない。彼らは適性を判断し、生徒を分類し、評価を始める。ノーベル賞を受賞した行動経済学者ダニエル・カーネマンが指摘するように、「全体的な印象を形成しないよう特別な努力をしない限り、人は全体的な印象を形成しがちだ」[注6]。クレイグはこの自然な衝動を抑える努力を何年も前から始めていた。

Key Question

重要な質問

新しい人々と仕事を始めるとき、あなたはその人の適性をすぐに判断するか、それとも、その衝動を抑えるか？

ハーバード・ビジネス・スクールの伝説的な教授C・ローランド・クリステンセンも同じ結論にたどり着いた。

私は学生一人ひとりの無限の可能性を信じている。一見しただけなら、彼らは講師と同じように、普通の人もいれば卓越した人もいるように思える。しかし、潜在能力は目に見えない。その存在に気づくには信じることが必要だ。私はこれまであまりにも多くの学問の奇跡を目の当たりにしてきたため、その存在を信じている。

今ではすべての学生を「芸術作品の素材」として見ている。学生たちの創造力と成長能力を信じることができれば、私たちはどんなことでもともに成し遂げられる。逆に、彼らの潜在能力を信じなければ、私の怠慢が疑いの種をまいてしまう。どんなに慎重に隠していても、学生たちは私たちが発するネガティブなシグナルを読み取り、創造的なリスクを避け、「簡単にできること」をするようになる。そうなってしまったら、全員が損をする。[注7]

社会心理学では「ステレオタイプ脅威論」と呼ばれる理論の研究が盛んだ。この理論によると、人はネガティブなステレオタイプにさらされると、それに自分を合わせようとする傾向がある。言い換えれば、レッテルが限界をつくる。貼られるレッテルによっては、拡大や増強につながることもある。ネガティブなステレオタイプの場合、自分もそこに属するかもしれないと意識するだけで、目に見えない制限についつい自分を合わせてしまう。人種、性別、年齢、身体イメージ、学習能力に関するステレオタイプは、その対象者に大きな精神的ダメージを与える恐れがある。社会心理学者のクロード・スティールが言うように、ステレオタイプの脅威は「自尊心や期待やモチ

ベーションの低下、自信喪失」を引き起こしかねない。[注8]

Key Concept

重要コンセプト

期待は行動の両方向に作用する。バーを高く設定すると、人は高く跳び、低く設定すると、低く跳ぶ傾向がある。

ステレオタイプがより高いレベルのパフォーマンスを実現することもある。クレイグは有害なステレオタイプが与える精神的苦痛を生徒から取り除く手助けをする。その結果、毎年、数学が苦手だと自覚する生徒たちが入学してきては、まさにその生徒たちがＡＰ微積分試験に合格する。

誰もが微積分を習得できるという信念に、クレイグは「学習者安全性」という前提条件を加えている。「生徒を好きにならなければ、教えることはできない。生徒を知らなければ、好きにはなれない。そして、生徒と話さなければ、知ることはできない」。だから学期の最初の授業では生徒の名前を覚え、彼らの生活について少し話をするだけで何も教えない。その後、通常の授業を始めるが、彼は生徒一人ひとりと短くてもおしゃべりをするように心がけている。毎回、全生徒に個別に声をかけ、宿題をやったか確認してから授業を始める。

私が見学したときには、クレイグは授業と議論を繰り返していた。[注9]その切り替えは実にスムーズで、恐れや抑圧、堅苦しさがまったくないリラックスした盛り上がりがあった。クレイグは講義形式で考え方を教え、討論形式に切り替えていくつか質問を重ね、生徒たちの理解度を確認する。生徒たちは小さな勝利や敗北を通じて感情豊かで知的な旅に出る。その旅をナビゲートする手段として、クレイグは授業への参加度合いを測る「参加ポイント制度」を採用し、生徒からの質問を促している。「間違った答えも、なぜ間違えたかを理解すれば、正しく答えたのと同じ価値がある」がモットーだ。

Key Concept

重要コンセプト

失敗はあってはならないことではなく、あって当然のことであり、前進するために通る道である。新しい発見の前には、落胆することもある。

本当に真剣に取り組んでいれば、失敗してもそれを汚点や恥とは思わないはずだ。失敗はただの踏み石にすぎず、前進のための手段だ。失敗を重視するのはそれが前進をもたらすからだ。多くの場合、成功よりも失敗からのほうが、得る教訓が多い。この原則に従って、クレイグは「追試（試験で赤点だった生徒にもう一度試験を受けさせること）には効果がない」という通念を覆した。クレイグはこう主張する。「追試は教師にとって仕事が少し増えますが間違いなく有効です。なので、私は何度でもチャンスを与えます。やる気があればそれに応え、挑戦してもらいます」

クレイグは、生徒たちに恐れられている科目で、恐怖を生むことなく、生徒に学習を促している。不安、怒り、落ち込みなど、精神的に追い詰められている生徒は認知力が低下して、うまく学習できないことに気づいたため、授業のレベルを下げるのではなく「学習者安全性」を確保することで、学習リスクを劇的に減らすことに尽力した。「スミス先生の授業では恥をかくことがないんです。わからないことがあっても、ばかにされたりしません」とある生徒は話す。

Key Question

重要な質問

あなたのチームでは失敗を罰するか？
あなたは失敗を罰するか？

「学習者安全性」を広めるには、低いエゴと極めて高い「心の知能（ＥＩ）」が必要だが、クレイグにはそれが豊富に備わっている。生徒を感心させるのではなく、幸せにしようとする心温かい人物だ。競争的でも闘争的でもなく、懲罰的でもない。説教したり、才能を誇示したり、教え子と言い争いをするためにそこにいるのではない。忍耐強く、知的な謙虚さがある。クレイグの才能で最も目につきにくいのは、授業の中身だけでなく状況・背景に目を配る能力だろう。生徒が発する非言語的なサインを敏感に読み取る社会的感受性に長けていて、生徒の理解度や感情の変化に合わせる力があり、生徒を追い越してしまうことがない[注10]。

「先生に質問しても、機嫌が悪くなったりイライラしたりすることはありません」と別の生徒が言う。「先生は机の横にひざまずいて、私たちがどこまで理解しているかを探り出し、前に進む手助けをしてくれます。でも、答えは教えてくれません。どの部分で、なぜつまずいているのかを先生に説明しなければなりません」

Key Question

重要な質問

あなたは失敗から、成功と同じぐらい、あるいはそれ以上学んでいるか?

「微積分は簡単な科目ではない」とクレイグは言う。「生徒の多くは、卒業したら微積分を二度と使わないだろうと思っています。私たちがここでやろうとしているのは、生徒の卒業後の人生に備えて、自信と自立心にあふれ、精神的に打たれ強く物怖じしない生徒を育てることです。その旅を通じて、生徒は責任感や自信を身につけ、成長し、自分に肯定的な感情を抱くようになる。確かに、私は微積分だけでなく、もっと重要なことを生徒に教えています」

クレイグがほかの数学教師よりも微積分に精通しているかというと決してそうではない。専門知識の深さが彼の強みではないことは明らかだ。並外れた洞察力と、生徒の心に寄り添い続ける能力を持つクレイグは、社会的、感情的、認知的な状況・背景を整える技術をマスターし、「清潔で、光に満ちた場所」をつくり、生徒の全員の潜在能力を開花させられるようにした[注11]。これこそが「学習者安全性」だ。

知性と感情

人が学習するには、集中力を維持し、衝動を管理し、注意散漫にならないようにする力が必要だ。研究者は学習能力が高い人が持つ能力を説明するために、フロー状態、メタ認知、実行機能、効果的努力、高エンゲージメントなどといった言葉を用いる。これらは「監督的注意システム」あるいは「認知制御システム」を指す用語だ。

学習について私たちが学んだのは、それが無味乾燥かつ機械的な孤立した合理的プロセスではないということだ。理性には感情が宿り、感情には理性が宿る。認知と情動は切っても切り離せない関係にある。オックスフォード大学へ行く前、私はユタ大学で修士号を取得した。指導教官は国際的に知られる政治学者ジョン・フランシス教授だ。ジョンが私の論文を赤インクで覆い尽くしてくれたおかげで、私はオックスフォードへ行く覚悟ができた。ジョンが私を支え、伸ばし、厳しく指導してくれた。彼の授業で、私はかなり戸惑っていた。論文でA評価を得ることができなかったからだ。私は頻繁にジョンの研究室で添削指導してもらったが、毎回、不満を残したまま研究室をあとにした。けれども彼のことは好きだった。不思議な話だが、このプロセスは私にもっと努力したいというモチベーションを与えてくれた。ジョンからとことん追い詰められたが、やめようとは思わなかった。ジョンはひとりの人間としてつき合ってくれたので、私は彼に、私を追い詰めることを許した。

Key Question

重要な質問

あなたの人生の中で、「学習者安全性」を提供し、次の学習レベルに押し上げてくれた教師はいたか？

では、ジョンはどんな授業をしていたのか。彼は従来の教師のスタイルを変えて学生と議論をした。優秀な男だったが、教授然として一方的に教えることはなかった。大学の授業というのは大抵、権威主義的だが、ジョンは学生たちが学び合うという民主的で協力的なアプローチを選んだ。学生にとっては互いに教え合う責任が生じるのでリスクは大きくなるが、みんなで責任を負うことにより授業への思い入れがより深くなり、学習プロセスでリスクを冒すことをいとわなくなった。

良好な学習環境を維持するには、リーダーが常にポジティブに反応し、学習プロセスの脆弱性を最小化する必要がある。[注17] メンバーはみな、リーダーが反対意見や悪い知らせにどう反応するかを知りたがっている。リーダーが真剣に耳を傾け、建設的に応じ、感謝を伝えれば、メンバーはそのシグナルを読み取り、学習態度を変化させる。

Key Concept

重要コンセプト

「学習者安全性」を確保するうえで最も重要なシグナルは、反対意見や悪い知らせにリーダーが感情的にどう反応するかだ。

教師として、ジョンは認知と感情のシステムを組み合わせることに長けていた。人は感情的な関与がなくなると知的な関与も鈍り、完全に失うこともある。人は嫌いな相手からよりも、好きな相手から多くを学ぶ。

Key Concept

重要コンセプト

人は、社会的、感情的、知的なプロセスを同時に行う。

学習とは、独立した感情を持たない情報装置で行われるものではなく、頭と心が相互に作用して行われるものだ。「学習者安全性」の必要性を示すさらなる（おそらく最大の）証拠として、インターネット、教育技術、そして学習の民主化がある。これまで立ちはだかってきた「学習の壁」が崩れつつある。インターネットによって、誰もが世界最高のコンテンツと教師にアクセスできるようになった。教育へのアクセス、費用、質などといった従来の壁がなくなれば、世界中で学習に取り組む人が急増するはずだ。私の娘はカーンアカデミーで線形代数学を学び、息子はチーズの歴史を知るためにTED-Edビデオを視聴し、私はedXでマイケル・サンデルが正義について話す講義を見ることができる。どれも無料かつオンデマンドで見られる。

インターネットがあれば、いつでもどこでも学びたいことを学べる。とても平等だが、問題が一つある。集中力とモチベーションが必要であり、そこがネックになるということだ。私たちは、かつてないほど成長の機会に恵まれているが、その際の課題は「時間」と「場所」ではなく「意欲」と「自制心」だ。人類の進歩にとって前例のない時代に突入した。テクノロジーは学習に革命を起こしたが、「学習者安全性」が確保されていないために何百万人もの人々が関心、自信、やる気を失い取り残されている。

人は孤立して学習するのではなく、その人を取り巻く環境を通じて学び、その環境の影響を受け続ける。学習環境がその人の励みになるものであれば、好奇心が芽生える。さらに、「学習者安全性」のレベルによって、学習者同士の関係の質が左右される。オランダの社会学者バベッテ・ブロンクホルストはこう指摘する。「多職種間連携シミュレーション研修におけるやる気と学習の質は、参加者の自己効力感のほか、学習環境に心理的安全性がどの程度感じられるかに左右される。心理的安全性を感じる参加者は、自分の知識をフル稼働して困難な問題の解決に意欲的に取り組み、行動を振り返ることも忘れない[注13]」

「学習者安全性」は好奇心と意欲の前提条件となる。ビル・ゲイツはこう言う。「私と同じように好奇心の旺盛な人は、どんな環境でもうまくやっていけるだろう。自ら進んで行動する学生にとって今ほど恵まれた時代はない。自分もこの時代に育っていいればよかったのにと思う。息子がうらやましい。息子も私も、理解できないことがあればすぐにビデオを見たり記事をクリックしたりして、その話題をネタに議論をする。ただ残念ながら、好奇心旺盛な学生はほんの少数しかいない[注14]」

ゲイツは、好奇心が強い若者はごく少数と言っているが、注目すべきは彼が息子と何をしているかだ。ゲイツは息子と膝を突き合わせて一緒に学んでいる。心と心を通わせ、息子の知的好奇心を刺激している。驚くべきことに、「学習者安全性」を育む環境をつくるだけで、学習に対する好奇心や意欲は急速に高まっていく。

Key Question

重要な質問

直近で、メンバーの好奇心とやる気を育む学習環境をつくったのはいつか？

忘れてならないのは、人は学習プロセスに入る前に、「学習者安全性」の有無を本能的に確認するという点だ。質問をすれば笑われると察知したら、自己検閲本能が働いてやる気を抑え込み、防御態勢に入ってしまう。信頼されるリーダーは「立ち入り」が許可されるが、信頼されないリーダーは拒否される。「学習者安全性」では、学習者が最終的な決定権を持っている。

Key Concept

重要コンセプト

私たちは高性能の自己監視システムを用いて、社会的・感情的に自分を守っている。

トンガからフィラデルフィアへ

大学のアメフトチームで一緒だったヴァイ・シカヘマは8歳のとき、島国トンガから家族と米国へやってきた。米アリゾナ州のメサに定住し、父親は清掃員として働くことになった。学校には外国人向けの英語習得プログラムがなく、ヴァイは教室の後ろのほうに座って聞いていたが、何も理解できなかった。

ヴァイはこう言う。「とても弱く脅かされているように感じていて、英語が第二言語であると認めることすらできなかった。自分の国の文化、言語だけでなく名前さえ恥ずかしかった。発音しやすく、からかわれない普通の名前が欲しかった。ちょうど靴を履く生活にようやく慣れてきたころでした」

ヴァイはボクシングやアメフトなどのスポーツに夢中になった。体格に恵まれていたのですぐに頭角を現し、スポーツを通じて社会と文化になじんでいった。両親は愛情に満ちていたが、学歴が低く、息子の勉強をサポートできなかったので、ヴァイは授業にまったくついていけなかった。教育制度について何も知らなかったので、両親は部活動のコーチを頼りにし、コーチはスポーツ奨学金を目指すよう指導したが、勉強に関してのサポートはなかった。そこでヴァイはコーチが担当する授業を中心に履修し、アメフトを続けるために必要な成績レベル（ＧＰＡ）の最低基準をクリアすることだけを目指した。

学年が上がるごとに、周囲との学力差は広がっていったが、ある科目だけは例外だった。英語だ。高校にはバーバラ・ニールセンという英語教師がいた。授業でヴァイと接し、読み書きや会話の能力の低さに気づいた。ヴァイは15歳だったが、小学5年生レベルの読解力しかなく、同級生より5年遅れていた。バーバラはヴァイの両親と連絡を取り、毎週土曜日にヴァイの家でリーディングの補習をすることに決めた。それだけではない。ヴァイを学校新聞のスタッフにした。その活動を通じて、ヴァイは英語を使いこなせるようになり、記事も書けるようになった。バーバラは毎週ヴァイの家にやってきて、『大いなる遺産』や『アラバマ物語』を読み進めた。ヴァイが読み、バーバラが質問する。当時気づかなかったが、バーバラがつくった「学習者安全性」はヴァイの心を癒やし、人生を変えるきっかけになり、その経験がそれ以降、勉強に励む支えとなった。

ヴァイの読解力は5年遅れていたが、数学と理科ではもっと遅れていて、その差は埋まらなかった。一方、ヴァイはアメフト選手としてずば抜けていたため、NCAA（全米大学体育協会）奨学生として、ブリガム・ヤング大学での学費が全額支給されることになった。ヴァイは懸命に勉強したが、根性だけでは数学と理科の大きな学力差を埋めることはできなかった。

Key Concept

重要コンセプト

根性だけで学力差を埋めることはできない。「学習者安全性」が不可欠だ。

大学に入ってから物理学基礎の単位を落とし、ほかの科目でも成績が振るわず、ヴァイは自信をなくし始めた。そして最後には、学位取得を諦めた。その代わり、アメフト選手を続けることが認められる最低限の成績を維持するため、さまざまな科目の基礎講座を履修した。ブリガム・ヤング大学を去るまで、物理学基礎の単位を5回落とし、専攻分野を決めることもなかった。本人は「必死にしがみつこうとしていた」と言う。

その後、ヴァイはナショナル・フットボール・リーグ（NFL）でプレーする最初のトンガ系米国人になった。8シーズンで三つのチームを渡り歩き、パント・リターナーとしてプロボウル［オールスター・ゲーム］にも2度選出された。あっという間に8年が過ぎ、ヴァイはNFLを引退し、フィラデルフィアにあるCBC傘下のテレビ局WCAUで週末のスポーツ番組を担当することになった（同局はのちにNBCに売却された）。その後、ヴァイは平日の番組に移り、さらに朝のニュース番組のアンカーマンやスポーツ局のディレクターを務めた。NFL出身という素晴らしい経歴があるにしても、ヴァイはどこで放送局の仕事を学び、どうしてそれに挑戦してみようと思ったのだろうか。疑問を解く鍵は、NFLのシーズンオフにやっていた活動にあった。

ヴァイは地元のテレビ局へ通い、インターンとして働いていた。「コーヒーのいれ方も、ドーナツの買い方も、台本の破り方もそこで教わり、話し方を改善する機会ももらった。私は、プロのスポーツ選手が普通ならやらないようなことも、やればできると人々に示す必要があった」

NFL選手のキャリアは平均3・3年なので、ヴァイはかなり長持ちしたほうだが、それでもいつか引退する日が来る。大学の卒業資格はないのに子どもが4人おり、将来のために備えておく必要があるのは明らかだった。「私はこれまで多くのメンターに恵まれてきた。放送局での仕事を学びたいというモチベーションは、もとをたどればニールセン先生に行き着く。彼女が15歳だった私に種を植えてくれ、それが芽を出し、枯れることはなかった」。ヴァイは長い旅の締めくくりとして、地元フィラデルフィアのコミュニティー・カレッジに入学し、物理学基礎の授業を選択し、A評価を取った。

スタンフォード大学の心理学教授キャロル・ドウェックはこう主張する。「学生の能力や頭の良さと成長力との間には、何の関係もない。非常に頭が良くても、挑戦を避け、努力を嫌い、困難に直面すると萎縮する者もいる。それほど優秀ではない生徒の中には、野心にあふれ、挑戦心が旺盛で、困難に直面してもくじけずにやり抜き、周囲の予想を超える成果を出す『真の実力派《ゴーゲッター》』がいる」[注15]。ドウェックが言及していないのは、これらすべてにおいて環境が重要な役割を果たすことだ。したがって、「学習者安全性」は、「（学習への）取り組み」と「励まし」の社会的交換と定義できる。誰の助けも借りずに人生の逆境を乗り越えた人はいない。ヴァイにとってのニールセン先生のように、キーパーソンが必ずいる。ヴァイの場合、早い時期に彼女に感化され、そのおかげで失敗してもほとんど気にしなくなった。つまり、成功に本当に必要なのは、「懸命な努力」と「助けを得ること」だと言える。そして、人生の旅を不利な状況から始める場合、「学習者安全性」が不平等を解消する最高の対策になる。

Key Question

重要な質問

あなたの人生において、「学習者安全性」を提供し、あなたの学習能力を信じてくれたキーパーソンが思い浮かぶか？

組織における人材の脱コモディティー化

多くの組織の経営層にはまだ団塊の世代が多く残っている。彼らは退職まで失敗を避け、時代遅れのスキルにしがみつき、動こうとせず、表向きは新しい世界を認めながら、実際にはその世界で学ぼうとはせず居座り続けている。

なぜなら、彼らは時代の変化についていけず、二つの世界の間に挟まれているからだ。彼らは、自動化や大量生産、規模の経済の原動力になった機械に執着し、人的資本（特に自分たちの人的資本）にはあまり目を向けなかった世界で育った。

組織は人的資本がすべてだ。1994年、ゼネラル・エレクトリック（GE）のCEOだったジャック・ウェルチによって、スティーブ・カーが初の「最高学習責任者」に任命された。当時はまだ、人こそが生産力の源であるという認識がそれほど広がっておらず、学習能力の高い知識労働者《ナレッジワーカー》として貢献できるのはごく一部の従業員だけという考えが一般的だった。リーダーたちは、組織には思考力を持つ部分（思考パート）と持たない部分（無思考パート）があるという前提で動いていた。フレデリック・ウィンズロー・テイラー［米国の経営学者。科学的管理法の発案者］の研究の影響を受けて、組織は人間の労働を作業単位別の生産性という観点から測定し、制限・区分した。組織の大部分を占める「無思考パート」が創造性を発揮するとは誰も思わなかった。何世紀もの偏見にまみれた考え方が、人間の可能性を見えなくしていたわけだ。

Key Concept

重要コンセプト

先入観に満ちた思考は、自ら進んで盲目になるようなものだ。

「思考パート」のほうは、一度学習すればずっと「思考パート」として認められるという考え方が支配的だった。工業化時代から受け継がれてきたこの思考モデルは、資産を重視し、人間をモノと見なすという基本的な考え方に基づいている。20世紀の後半になって組織行動学者が登場したものの、過去から引き継いできた階層構造や、規則に基づく管理責任と内部統制を重視する姿勢は変わらなかった。

この遺産を、今の状況に当てはめて考えてみよう。競争において優位性が上下するのは目新しいことではない。しかし、上昇や下降の平均期間は以前よりはるかに短くなった。それに伴い、学習が成功にとってより重要になっている。なぜなら、組織が持つ知識が陳腐化するまでの期間、いわば「知識の半減期」は、競争戦略を映す鏡だからだ。半減期が全体的に短くなると、当然ながら、持続的競争力の源である学習の重要性が増す。競争のサイクルは学習のサイクルに等しい。競争力を維持するために学習して知識を再構築するか、あるいは、学習せずに時代後れになるリスクに直面するかしか、選択肢はない。

これまで学習は、問題や質問をきっかけに始まる個別の出来事とされてきた。それが今では継続的なものと認識され、ワークフローに組み込まれるようになった。知識の獲得と価値の創造が密接に関係しているため、学習と生産活動を切り離すことがますます難しくなっている。二つのプロセスの境界はどんどん薄くなり、誰もがリアルタイムで行ったり来たりできるようになった。今後は、プロセス・テクノロジー［デジタルプラットフォームなどを活用して業務プロセスのスピードや俊敏性を向上させる技術］が学習システムや人材データシステムと連動して、ワークフローと学習の切れ目のない統合が進むだろう。

ただし、学習する組織への変革において、新しいテクノロジーこそ特効薬になると考えるのは危険だ。テクノロジーに対する過度の期待は、米国の社会学者リチャード・フロリダが「テクノユートピア主義」と呼ぶものだ。[注16] コラボレーション技術の進歩には目を見張るものがあるが、それらの技術も権威主義的なリーダーが恐怖を植えつけるような形で運用することを防げない。それにもかかわらず、マッシュアップ・ウェブアプリ［二つ以上のウェブサービスを組み合わせて新しいサービスをつくり出すこと］や仮想学習空間、ハッカソン［IT技術者がチームを組み、与えられたテーマに対してソフトウェアやサービスを開発し、競い合うイベント］、パフォーマンス・サポート・ツールなどを手放しに称賛する声をよく聞く。こうしたテクノロジーへの賛辞は今後もなくならないだろう。

もっと有益なのは、組織の本質とは何か、今一度考えてみることだ。組織の定義はたくさんあるが、今の時代に最も適しているのは米国の教育学者マルカム・ノールズが提案したものだろう。ノールズは、組織を「生産システムであると同時に学習システム」と捉えるべきだと呼びかけた。[注17] 現代の組織は、まさに学習能力に基づいて競い合っている。この過酷な競争的環境の中で、変化のスピードに合わせて、あるいはそれ以上の速さで学習する（これが「ラーニングアジリティー」の定義である）組織を構築することが、現代の組織にとって最大の課題だ。

ピーター・ドラッカーは1959年に「知識労働者《ナレッジワーカー》」という言葉を生み出したが、私たちは工業化時代に主流だった考え方を打破できずにいる。場所も時間も変わったのに、今なおガチガチの権威主義者を昇進させて、組織運営を任せている。彼らが生き残っている唯一の理由は、組織がその不利益を補い、隠すことができるほど優位に競争できているからだ。組織に臨機応変さが必要とされればされるほど、リーダーは方向を示し、サーバント（奉仕者）、コーチ、イネーブラー（メンバーの目標達成に力を貸す人）、ファシリテーターになることが求められる。つまり、リーダーシップの主流パターンは「官僚的・独裁的」から「民主的・平等主義的」に、「タスク中心」から「人中心」に、「命令型」から「補助・促進型」に変わりつつある。

従来の「リーダー＝賢者」モデルは根本的に変化しつつあり、これからのリーダーには精神的にも社会的にも、これまでとはまったく異なる姿勢が求められる。リーダーは専門知識ではなく、学習能力と適応能力を発揮して、自分が有能だと示すことに慣れる必要がある。また、「学習者安全性」を高めるために、リーダーは従来のリーダーシップの考えとはまったく異なるレベルの謙虚さと好奇心のモデルにならないといけない。そのためには、「物事を知らない」ことを恥とせず自信を持つことが欠かせない。学習を進めていくと、一時的に能力不足を感じる期間が必ずあり、その事実を受け入れなければならないからだ。

最後に、非常に難しいチームで働いたことがある経験者として、私は「学習者安全性」を育んで保つために、次の2点を提案したい。一つ目は、同僚たちを言葉巧みに批判、威嚇する「口達者」で攻撃的なチームメンバーをうまく管理すること。二つ目は、組織内の地位が高い人に対しても学習義務を免除してはならない。私が企業の経営チームをトレーニングすると、CEOの2人に1人は参加しない。ほかの人たちは熱心に学ぼうとする。優れているのはどちらか？

Key Question

重要な質問

あなたが目指しているのは、学習者としてのリーダーか、それとも権威者としてのリーダーか？

あなたは積極的かつ自律的に学ぶ姿勢を見せているか？

「学習者安全性」を確保するために尽力するリーダーは、学習が競争上の優位性を生み出すことを知っている。そして、学習は企業のリスク管理における最重要事項であり、企業にとっての最大のリスクは学習を止めることであるとよく理解している。

自ら率先して積極的かつ自律的に学習する姿勢を示さないリーダーは、ほぼ間違いなく失敗することが明らかになりつつある。自律的に学習するリーダーは、その学習パターンを部下にも受け入れさせることができれば、ほぼ確実に成功できる。つまり「学習者安全性」は、モデル化され、伝達され、教えられ、測定され、認識され、報いられなければならない。

Key Question

重要な質問

チームの中で最も消極的で恐れを感じているメンバーに対して、自ら進んで学習に取り組んでもらうために、あなたはどうやってその人の不安の壁を取り除くか？

あなたのチームは優秀な人材とリソースに恵まれているかもしれない。しかしチームのメンバーは、試したり、探ったり、刺激し合ったり、操ったり、試作したり、ばかげた質問をしたり、伸ばしたり、つまずいたりすることが自由にできなければ、思い切って冒険しようとしない。[注18] そのような特別な学習行動を後押しするためには「学習者安全性」が不可欠だ。さらに素晴らしいことに、「学習者安全性」は潤滑油としても機能する。従業員は、雇用を打ち切る権限を持つ人に助けを求めることに抵抗を感じるが、「学習者安全性」がそのためらいや恐れを取り除いてくれる。[注19] 結局のところ、一人ひとりのリーダーが「学習者安全性」を高めるか壊すか、育むかおろそかにするか、促すか抑えるかを選択しなければならない。

重要コンセプト一覧

List of Key Concepts

- 荒廃の真の定義は、落ちこぼれても誰も気にかけないことだ。
- ほとんどの場合、生徒が挫折する前に、親と学校が諦める。

- 心理的安全性の低い学校はネグレクトの温床に、職場は嘲笑がはびこる場所になりやすい。
- 敵対的学習環境とは、家庭、学校、職場のいずれにおいても、恐怖心が自己検閲本能を誘発し、学習プロセスを遮断させてしまう場所である。
- 「教えられる」のではなく「罰を与えられる」環境に置かれると、それがネグレクト、人心操作、抑圧のどれであっても、人は身を縮めて思考停止状態になり、自己分析も、自己コーチングも、自己修正もできなくなる。その結果、本当の失敗、つまり「努力をやめる」ことを招く。
- 「学習者安全性」の付与では、メンバーに学習の努力を求める前に、学習の奨励・サポートをすることが道徳的に望ましい。
- 期待は行動の両方向に作用する。バーを高く設定すると、人は高く跳び、低く設定すると、低く跳ぶ傾向がある。
- 失敗はあってはならないことではなく、あって当然のことであり、前進するために通る道である。新しい発見の前には、落胆することもある。
- 人は、社会的、感情的、知的なプロセスを同時に行う。

- 「学習者安全性」を確保するうえで最も重要なシグナルは、反対意見や悪い知らせにリーダーが感情的にどう反応するかだ。
- 私たちは高性能の自己監視システムを用いて、社会的・感情的に自分を守っている。
- 根性だけで学力差を埋めることはできない。「学習者安全性」が不可欠だ。
- 先入観に満ちた思考は、自ら進んで盲目になるようなものだ。

重要な質問一覧

List of Key Questions

- 精神的に苦しんでいながら学業で成功した人物を何人知っているか？
- あなたの学習能力を、あなた以上に評価してくれる教師に出会ったことがあるか？それはあなたのモチベーションや努力にどう影響したか？
- 新しい人々と仕事を始めるとき、あなたはその人の適性をすぐに判断するか、それとも、その衝動を抑えるか？
○あなたのチームでは失敗を罰するか？　あなたは失敗を罰するか？
○あなたは失敗から、成功と同じぐらい、あるいはそれ以上学んでいるか？
○あなたの人生の中で、「学習者安全性」を提供し、次の学習レベルに押し上げてくれた教師はいたか？
○直近で、メンバーの好奇心とやる気を育む学習環境をつくったのはいつか？
○あなたの人生において、「学習者安全性」を提供し、あなたの学習能力を信じてくれたキーパーソンが思い浮かぶか？
○あなたが目指しているのは、学習者としてのリーダーか、それとも権威者としてのリーダーか？　あなたは積極的かつ自律的に学ぶ姿勢を見せているか？
○チームの中で最も消極的で恐れを感じているメンバーに対して、自ら進んで学習に取り組んでもらうために、あなたはどうやってその人の不安の壁を取り除くか？

第3段階

貢献者安全性

「私は全員をパートナーと見なしていて、
その誰もが貢献し、最善を尽くす。そこには上も下もなく、
みんなが横並びで、マトリックスの一部として捉えている」
――ジョナス・ソーク――
［米国の医学者］

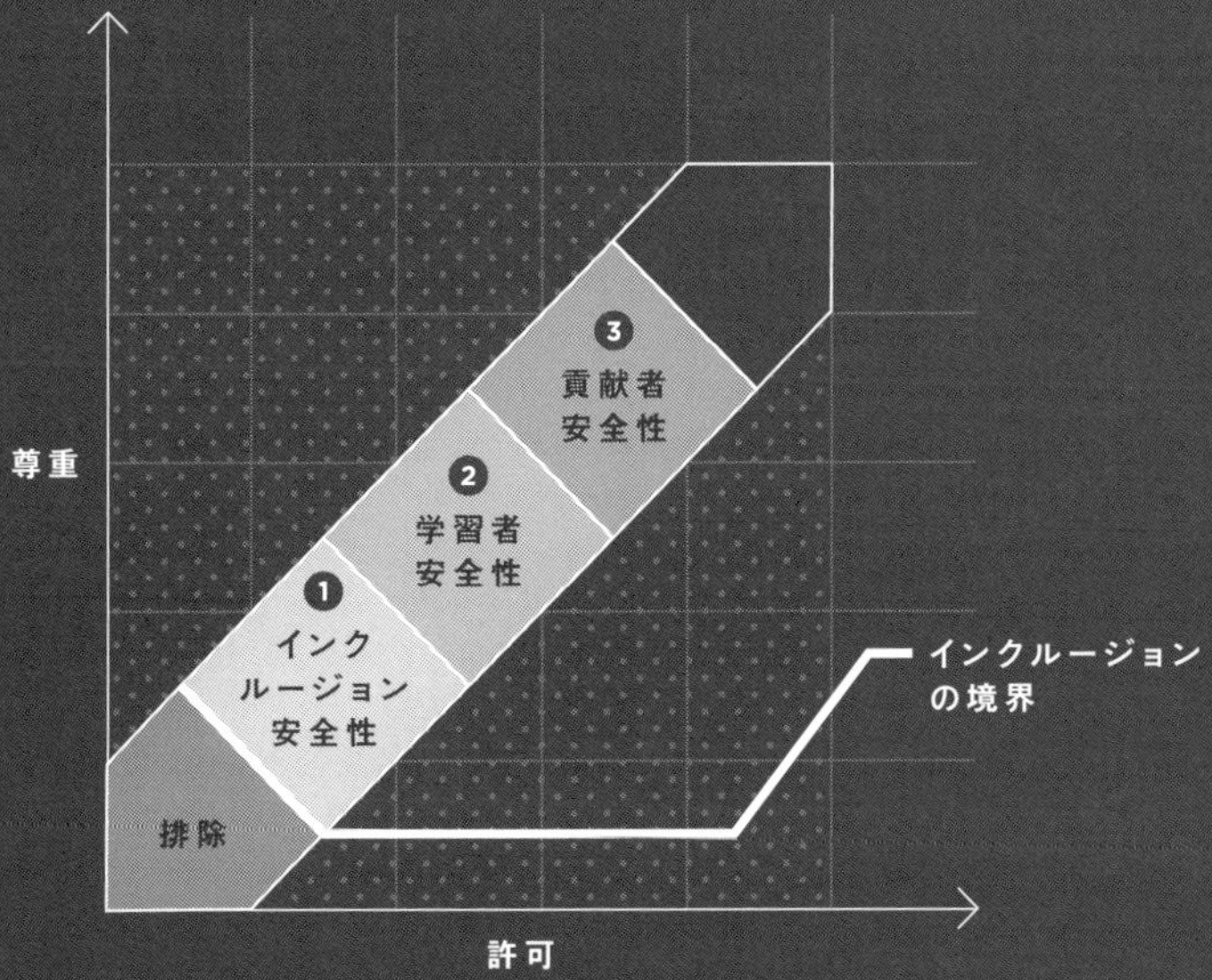

図7　インクルージョンとイノベーションの実現への第3段階

「さあ行くぞ！」のシグナル

スポーツチームに所属していたのに、試合には出してもらえず、ただベンチを温めるだけ。そんな経験はあるだろうか。そのときどんな気持ちだったか。チームメイトが受け入れてくれれば、「インクルージョン安全性」は与えられている。一生懸命に練習できていれば「学習者安全性」もある。しかし、試合に出してもらえなければ、「貢献者安全性」は与えられていないことになる（図7）。

ベンチを温めるというのは、言い換えれば、準備と本番の間の「宙ぶらりん」な状態だ。社会的にも、精神的にもつらい。ついにある日、コーチがあなたの肩に手を置いてこう言う。「君の出番だ」。あなたはフィールドに飛び出す。ただ見ているだけでなく、チームに貢献したその瞬間、「宙ぶらりん」な感覚が満足感に置き換わる。もう、試合に出ないのにただ準備をするだけの人ではなくなった。

Key Concept

重要コンセプト

恐怖や不安で身動きが取れない人を除いて、誰もが試合に出たいという深くて強い欲求を持っている。

第1段階の「インクルージョン安全性」では、人間であるという理由で他者を受け入れる。第2段階の「学習者安全性」でも、人間であるという理由で組織のメンバーに学習を促し、学習プロセスへの参加を後押しする。しかし、次の段階の「貢献者安全性」は、人間であるという理由だけでは与えられない。成果を出した者だけに与えられる特権だ。「貢献者安全性」の段階では、成果と引き換えに自律性が与えられる。結果を出せば、権限がもらえる。「貢献者安全性」は、いわば見習い期間の終了と、着実で自発的な活動の始まりを意味している。いよいよ組織に対して成果を出してみせるときだ。メンバーが仕事をこなせる能力を備えていれば、リーダーは「貢献者安全性」を与える。経営の視点で言うと、従業員は負債ではなく資産であり、投資に対して利益を生んでくれるまさに貢献者だ。組織は、価値を創造する能力に応じて、そのメンバーに「尊重」と「許可」を与える。

「貢献者安全性」はメンバーとチームに、第1段階や第2段階よりも多くのことを要求する。メンバーは能力を発揮できるように努力を重ね、チームはメンバーにサポートと助言、方向性を与える。「貢献者安全性」への移行が成功すれば、チームはメンバーに権限を授け、「さあ行け!」となる。この時点でメンバーのほうも貢献したいという意欲が高まっていて、「さあ行くぞ!」と覚悟が決まる。私の息子が今まさにそのような状況にある。最近、運転免許の学科試験と技能試験に合格して、免許証を取得した。妻と私は、息子の技能試験に備えて日中40時間、夜間8時間にわたって練習につき合った。

免許を手に入れてから息子は、「父さん、友達の家まで送ってくれる?」とは言わなくなった。それは、自分で運転したいからであり、当然の成り行きと言える。

Key Concept

重要コンセプト

目標を達成するための準備が、目標達成への欲求を生み出す。

だからこそ、いつまでも控え選手でいるわけにはいかない。この第3段階では、組織が目指す「成果」とそれに向けたメンバーの「自律的な努力」の間で社会的交換が行われる。しかし、メンバーが十分な成果を残さなければ、組織は「貢献者安全性」を撤回し、第2段階「学習者安全性」に格下げする。試合に出たら、自分の役割をまっとうする。さもなければ、ベンチに下げられる。一方で、貢献する力があるのに試合に出るチャンスを与えてもらえなければ、その現実を受け入れるか、別のチームに移るかの決断を迫られることになる。

つまり「貢献者安全性」とは、社会契約の完全な発効を意味する。メンバーは「研修」の期間を終えると、一人前のメンバーとして扱われることを期待し、組織も貢献を期待する。「学習者安全性」が準備の段階だとすれば、「貢献者安全性」は実行の段階だ。「貢献者安全性」への移行は「さあ行くぞ！」という実行の合図であり、そのメンバーには与えられた任務を果たす力があると組織が信頼したことを意味する。組織はメンバーが自分の役割を果たし、成果をあげることを期待する。

21世紀における仕事の基本単位はチームだ。あなたは社会人人生の中で、既存の部署や機能横断的なチームなどのメンバーに加わる。同じ場所で活動するチームに参加することもメンバーが世界に散らばっているチームに加わることもある。実際、組織がフラット化するにつれて、複数のチームに同時に所属するケースが普通になりつつある。[注1]仕事の性質がどうであろうと、どんなチームに所属していようと、この心理的安全性の第3段階がパフォーマンスの基盤になる。

実行とイノベーション

「学習者安全性」が準備を促し、「貢献者安全性」がパフォーマンスを促すなら、「パフォーマンス」とは何を意味するのだろうか。その答えは、「実行」と「イノベーション」だ。

Key Concept

重要コンセプト

組織は実行とイノベーションの二つのプロセスにのみ関与する。実行とは今日の価値を創造、提供することであり、イノベーションは明日の価値を創造、提供することを意味する。

図8　第3段階と第4段階における「攻め」と「守り」のイノベーション

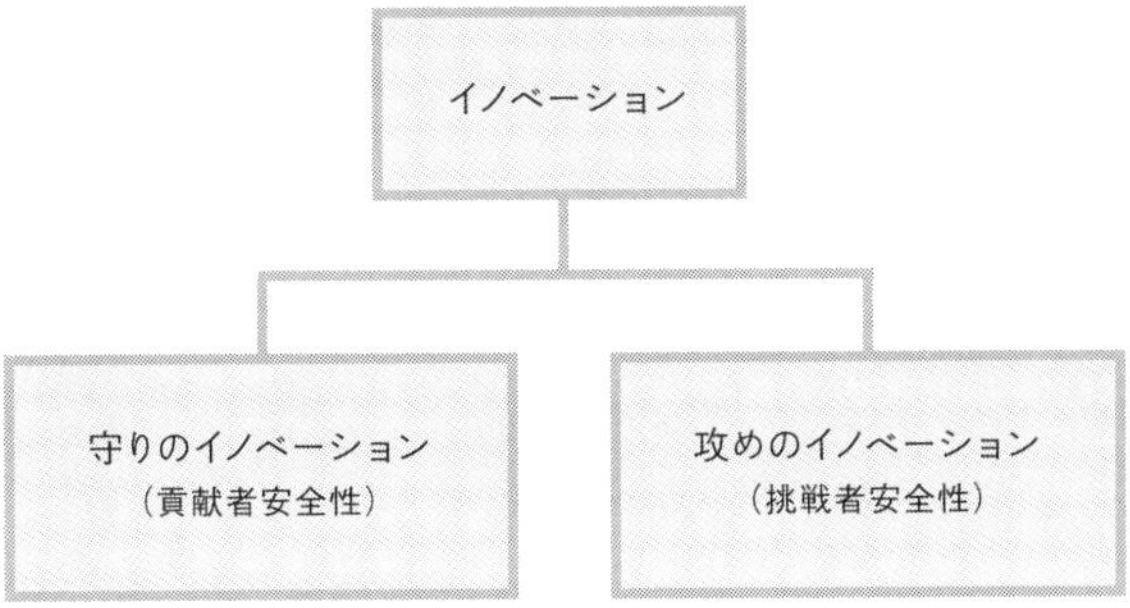

この二つのプロセスは根本的に異なっている。実行とは、仕事の最適化と拡張を意味する。効率性を高めるため管理し、変動性を取り除く。イノベーションはその逆で、自由、想像力、創造性、そして変動性を生み出すことを特徴とする。実行は標準化であり、イノベーションは逸脱であるため、当然、この二つの間には緊張とトレードオフの関係が生じる。実行とイノベーションの違いは、多国籍企業でも、農業組合の地方支部でも同じだ。では、「貢献者安全性」は実行の際にだけ重要であり、イノベーションには必要ないのだろうか。決してそうではない。この点が、心理的安全性を発展させていくうえで興味深いところだ。

イノベーションは「攻め」と「守り」の二つに分けることができる。攻めのイノベーションは能動的で、守りのイノベーションは受動的だ。どちらも課題への対応であり、タイプが異なるだけだ。

Key Concept

重要コンセプト

攻めのイノベーションはチャンスへの対応で、守りのイノベーションは脅威や危機への対応だ。

攻めのイノベーションとはあなたが変化を選ぶこと、守りのイノベーションとは変化があなたを選ぶことだ。この区別は重要だ。守りのイノベーションは「貢献者安全性」の一部だが、攻めのイノベーションはそこには含まれない。図8はこの点を具体的に示している。

私がジュネーブ製鉄の工場長だったころ、私たちは鋼板を建設機械大手のキャタピラーに販売していた。同社は大型機械の部品に鋼板を使っていた。あるとき、私たちの製品の表面加工が品質基準外になったと、キャタピラーが知らせてきた。その通告によると、同社は品質基準を引き上げ、私たちがその基準を満たせなければほかの取引先を探すという。私たちは、適応のための新たな課題に直面することになった。これは経営危機を招きかねない脅威だった。私はすぐに緊急会議を招集した。現場作業員、工程管理、化学や冶金、品質管理の担当者、保守要員など主要メンバーを全員集め、表面の小さな傷をなくす方法を検討した。原因分析と改善策だけでなく、守りのイノベーションを生み出し、すぐに実行する必要があった。

利害関係者からの高い要求、消費者の嗜好の変化、新たなライバルの出現、人口動態の変化、技術革新の加速などにより、こうした例はどの組織でも起こりうる。選択肢は、市場にとどまるために守りのイノベーションを起こすか、「貢献者安全性」がないためミスや改善について率直に話し合えずに退場するかのいずれかだ。守りのイノベーションが「貢献者安全性」の一部であるのは、何もしないほうが対応策を講じるよりもリスクが大きいからだ。

Key Principle

重要原則

外からの脅威によって現状打破を迫られるとき、変革への挑戦に対して自然に湧き上がる恐怖が、生存本能に置き換えられる。

このとき、私たちは守りのイノベーションを望み、その創出を期待する。もはや現状打破のために、個人がリスクを冒す必要はない。その役割を担ってくれる外部の力に感謝すればいい。この例では、キャタピラーが挑戦状をたたきつけてきたため、現状打破に挑むことに恐れは生じなかった。生き残りをかけた挑戦だった。

このパターンは、私が関係したすべてのチームや組織で見られた。つまり、生き残るために守りのイノベーションを起こそうとするのは、普通のことだ。外部からの脅威にさらされた場合、内部に恐れが生じることはめったにない。

Key Question

重要な質問

外部からの脅威にさらされて、現状を変えることに対する不安が消えた経験があるか？

実際、外部からの脅威はチームの団結を強める。脅威がチームの共通の敵という危機を提供し、絆を深める役割を果たす。しかし、攻めのイノベーションはまったく違う。はるかに大きな個人的なリスクを伴うため、より高いレベルの「尊重」と「許可」に基づく高度な心理的安全性が求められる。それこそが次章で述べる「挑戦者安全性」だ。「貢献者安全性」は実行と守りのイノベーションを促すが、攻めのイノベーションに求められる高レベルのリスクや脆弱性には対応できない。

自律性と成果の交換

第3段階「貢献者安全性」の社会契約では、自律性と成果が交換される。メンバーが習得した知識とスキルだけでなく優れた仕事の進め方や忠実な勤務姿勢、つまりノウハウと信頼性の両方で貢献できることを示すとき、組織はそのメンバーにより多くの自律性とオーナーシップ〔主体性と責任を持った取り組み〕を認める。言い換えれば、「貢献者安全性」の段階に上がると、責任のレベルもより高くなる（表3）。「貢献者安全性」に移行するメンバーは例外なく、仕事の成果物、業績、目標達成に対して責任を負う。私の10代の子どもたちは毎日、家事を手伝い、楽器を練習し、宿題をして、犬の世話をしている。成果が出ればおのずと自律性も高まる。

表3　第3段階 貢献者安全性

段階	尊重の定義	許可の定義	社会的交換
1 インクルージョン安全性	その人を人間として尊重	組織に入るための許可	人間であり無害であることに対しインクルージョンを与える
2 学習者安全性	人が生まれながら持つ学習と成長への欲求に対する尊重	学習プロセスのすべてに取り組むことを許可	組織は学習を奨励し、メンバーは学習に励む
3 貢献者安全性	価値創造の能力に対する尊重	メンバーの自立と自らの判断による活動を許可	組織はガイドつきの自律性を与え、メンバーは成果で返す

　メンバーが誠実で学ぶ意欲を持っていれば、組織は本来、成果に関係なく「インクルージョン安全性」と「学習者安全性」を認めるという道徳的責任を負う。しかし、「貢献者安全性」においては、そのような道徳的責任は問われない。メンバーのほうが、より多くの責任を負うからだ。「貢献者安全性」はメンバーと組織の相互投資であり、自然に発生する権利でも、人間だからという理由で得られる権利でもない。それは勝ち取るべきものであり、リーダーにとって指揮下のメンバーが主体的に行動し、期待通りの成果を出すようになれば、その人により多くの自律性を与えるのは当然だ。私と妻は子どもたちに対して、子育てとは責任を徐々に移すことであり、子どもたちが進んでそれを引き受けようとすれば私たちも早く責任を与えられると繰り返し伝えて

いる。

Key Concept

重要コンセプト

能力があり、自身で責任を負う意志があるのなら、その人は「貢献者安全性」を受け取る準備ができている。

「貢献者安全性」では、メンバーは貢献することが期待されるが、リスクを引き受けるのは組織だ。何かがうまくいかなかった場合、失敗のリスクに付随する責任は、通常、メンバーではなく組織が負う。ソフトウェア開発チームが顧客に提供したシステムがバグまみれでクレームが来た場合、その責任はチーム全員が負う。当然ながら、業務上のリスクが高ければ高いほど、組織がメンバーに与える自律性は、そのメンバーの能力が高く信頼を置ける場合でも小さくなる。私が工場長だったころ、鉄のすべての製造工程を管理するために1万を超える作業の標準手順書があった。

「貢献者安全性」を適切に認める組織では、ふさわしい成果を残したメンバーに「貢献者安全性」が与えられる。言い換えれば、準備不足や能力が低いメンバーに「貢献者安全性」が与えられることはない。つまり、メンバーが結果を継続して出せることを確認したうえで、組織は「貢献者安全性」を完全に認める。準備が整っていないメンバーに「貢献者安全性」を与えるのは愚かなことだ。組織はリスクを管理するために、実績に基づいて徐々に付与していく。

Key Question

重要な質問

スキル不足のメンバー、あるいは結果に対する責任を負う気のないメンバーに「貢献者安全性」を与えてしまった経験があるか？

「貢献者安全性」への移行

多くの組織において「貢献者安全性」への移行は、メンバーが所定の研修やトレーニングを修了し、特定の仕事や役割、機能を果たすための資格を取得することと連動している。たとえば、医師、弁護士、教師、エンジニア、パイロット、れんが職人、

表4　準備から実行への四つの移行パターン

公式で即時 （弁護士）	公式でゆっくり （新聞記者）
非公式で即時 （アスリート）	非公式でゆっくり （親）

会計士などは、能力を証明する資格試験に合格しなければ、プロとして働くことが認められない。しかし、そのような正式な資格や認可を必要としない職業や役割もたくさんある。テレビのニュースキャスター、少年野球のコーチ、バリスタ、サーフィンのインストラクターなどだ。また、料理人、リバーガイド〔川下りの案内役〕、造園家、パーソナルトレーナーなど、資格取得が任意である職種もある。「準備」から「実行」への移行は、「公式」または「非公式」、「即時」または「ゆっくり」と行われる（表4）。

・公式で即時――米国で弁護士になるには、ロースクールもしくは見習いとして3年間の学習が求められ、州の司法試験に合格した場合にのみ、その州で実務を行う許可が得られる。したがって、「貢献者安全性」への移行は公式であり、試験に合格すれば即時に行われる。その時点では熟達していないが、仕事を遂行する最低限の知識とスキルは持っている。

・公式でゆっくり──公式でゆっくりと移行するケースは少ない。なぜなら、公式のプロセスでは、その仕事に必要な能力の特定や測定が必要だからだ。公式の移行においては通常、メンバーの職務遂行能力は量ではなく質で評価される。一例を挙げると、私はかつて新聞社で働いたことがある。その会社は新たに1人の記者を雇った。雇用と配属は公式に行われたが、その記者は初めのうちは見習い記者と見なされ、特集記事や大型企画を担当する記者への移行は、編集長の監督の下で段階的に進められた。試験や資格はなく、新人記者の能力の成長に合わせてゆっくりとした移行だった。ビジネスの世界では、この種の移行が多い。特定の職務を与えられたが、しっかりと貢献できるようになるまでに、能力のギャップを埋めなければならない。

・非公式で即時──公式な資格・認定がなく、すぐに実行が認められる場合を指す。人手不足や需要の急増により、リアルタイムでニーズが生じたときによく起きる。ニーズを満たすために、誰かがやらなければならない。たとえばスポーツの試合で、ある選手が負傷したとき、代わりの選手がすぐに投入されるようなケースだ。チームリーダーを務めていた従業員が突然退職したら、代わりにあなたが指名されるかもしれない。

・非公式でゆっくり――「貢献者安全性」への移行は、これが最も一般的なパターンだろう。この形が、より高いパフォーマンスを発揮できるように成長していく自然なプロセスを表している。私が人生で果たしている最も重要な役割は「夫」と「父親」だ。皮肉なことに、この責任重大な役割を担うために、私は公式の資格や免許を取得したわけでも、承認を受けたわけでもない。確かに、結婚した日に夫になったが、夫になる資格を得たわけではない。同様に、息子が生まれて父親になったが、その瞬間に父親としての能力が満たされたわけではない。役割を得たからといって、役割を果たせるわけではない。私はどちらの役割でも、多くを学ぶ必要があった。準備が不十分なまま、それらの役割を引き受けたからだ。しかし、人生におけるほとんどの役割、地位、職務で、同じことが言えるのではないだろうか。ほとんどの場合、私たちは役割を果たすために成長しなければならない。

責任の三つのレベル

「貢献者安全性」を定義する「自律性」と「成果」の交換は、メンバーの貢献が大きくなればなるほど、その規模や範囲が拡大していく。「貢献者安全性」の付与は、「タスク」「プロセス」「成果」という三つのレベルに応じて組織が自律性を認めるという一定のパターンに従っている（表5）。

組織は、あるレベルで継続して良い成績を残したメンバーを次のレベルへ進ませようとする。10代のころの私自身の体験を使って説明しよう。私の最初のアルバイトはカリフォルニア州クパチーノにある広い果樹園でアプリコットを収穫することだった。二つの金属製バケツをアプリコットで満たして班長に渡すと、班長はアプリコットを大きな木箱に詰める。二つの金属バケツで1ブッシェル（体積の単位、約35リットル）の木箱がいっぱいになる。このアルバイトで私に与えられた仕事は「タスクレベル」で、その次の「プロセスレベル」には関与させてもらえなかった。

高校では、夏休みに造園のアルバイトをした。仕事の内容は、家屋やビルの敷地内

表5　責任の三つのレベル

3	結果
2	プロセス
1	タスク

にある植栽の手入れ。「タスクレベル」の仕事を覚えると親方はすぐに「プロセスレベル」の責任を持たせてくれた。芝生を刈り、剪定し、雑草を抜き、花壇の手入れをし、「プロセスレベル」で仕事をこなすスキルと意欲を見せると、親方はさらに大きな責任を与えてくれ、ついには「成果レベル」の責任を負うようになるまでレベルアップした。このレベルに達すると、親方は私たちを作業現場に送り届けてこう言った。「2時間後に迎えに来るから、きれいに仕上げてくれ」

「成果レベル」の責任に移行するということは、仕事の進め方やタスクの達成方法、プロジェクトやプロセスの管理方法は、あまり重要ではなくなる。重要なのは結果だ。私が大学院に入学して最初の週、博士課程の新入生はミーティングに招待された。私は副学長が古くから続く大学の謎について話していたのをよく覚えている（それ以外は詳しく覚えていない）。長いスピーチの終わりに、副学長はこう言った。「博士課程を修了できるのは、皆さんの3人に1人です。あとの人はやめるか、落第します。オックスフォード大学へようこそ！」

その瞬間、私はヒースロー空港行きのバスに飛び乗り、米国に帰ろうかと真剣に考えた。幸いなことに私は思いとどまり、副学長の言葉が誇張ではなかったことを知った。オックスフォード大学の責任モデルは、完全に成果モデルであることも知った。大学は学生たちに、自分の専門分野で独自の貢献をすることを期待し、ガイドつきの自律性を認めていた。この点はとても徹底されていて、私の指導教官もこのモデルを見事に実践していた。惜しみなく手助けをしてくれるが、私に見せるべき成果があるときしか会ってくれなかった。アドバイスはしてくれたが、手取り足取りではなく、最も重要な教えは「近道はない」ということだった。

Key Concept

重要コンセプト

「自律性」と「成果」の交換が、人間のパフォーマンスの基本だ。

私の社会人生活において、この交換が常に期待されてきた。サンフランシスコにあるコンサルティング会社のマネジャーになったとき、上司はボストンにいて、会うのは年に4回のみ。上司が私に「どのように」を尋ねることはほとんどなく、「何か」

と「なぜ」を常に口にした。四半期ごとに「ビジョンは何か？」「戦略は何か？」「目標は何で、その理由は？」と尋ねてきた。そして私の答えに満足したら、「わかった。次の四半期にまた会おう」と言う。問題を抱えている場合はもっと深く議論するが、彼は成果を期待して私に賃金を払っており、私もそのことを理解していた。このように「貢献者安全性」は信頼、つまりその人がどのように行動するかを前もって了承することで築かれる。私が結果を出せば、上司は私に自律性を与えてくれた。

Key Question

重要な質問

「成果」と「自律性」の交換において、あなたにはどんな成果が期待されているか？

ブルーゾーンとレッドゾーン

誰でも人間ならではの五つの特性を備えている。

①モチベーション

行動したいという欲求。モチベーションは立ち上がり行動するための燃料となる。

②意志

自分で選び行動する力。たとえば、今、あなたは本書を読み進めるか否かを選べる。前者を選んでほしい。

③認知

学習の心理的なプロセスと道徳的・合理的な思考能力。私たちは思考と五感を通じて認知している。

④感情

あなたの心の状態。喜び、愛、恐れ、驚き、怒りなど。それらは自分の思考や周りの状況によって引き起こされる。

⑤理解

自分自身や自分の考えや感情、周りの世界について意識したり認識したりしている状態。それらに加え、人は自分が意識しているという事実を認識する能力も持っている。

表6　ブルーゾーンとレッドゾーンの特徴

ブルーゾーン	レッドゾーン
コラボレーション	競争
同調	分断
熱意	沈黙
自信	恐れ
リスクを取る	リスク回避
迅速なフィードバック	遅く不完全なフィードバック
再生と回復	燃え尽き
管理可能なストレス	消耗的なストレス
自己効力感	自己破壊
自発性と機転	無力感・絶望感
創造性	指示に従う

これらの特性からわかるように、注意、活動、努力の主導権は自分自身にある。貢献するのもサボるのも、その人次第。決められた手順やルールにただ従うだけでなく、自らの意志で選択する。「自発的努力」に取り組むかどうかを決めるのは、自分自身だ。私たちは、リーダーが「貢献者安全性」を妨げ、メンバーが自身の裁量で動くと社会的にも精神的にも被害を受ける恐れがあり「自発的努力」の意志をなくしてしまう状況を「レッドゾーン」と呼び、逆に「自発的努力」を制限しない方針により「貢献者安全性」を確保する状況を「ブルーゾーン」と呼んでいる（表6）。

学生時代のある夏、私はジョー・ハストンという友人に誘われ、カリフォルニア州サンホアキン・バレーにあるぶどう園で働いた。自分では気づいていなかったが、そこは「ブルーゾーン」だった。アービンという小さな町の郊外で、ジョーの父親でエルランチョ農場の総支配人ブーム・ハストンさんのもと、包装や冷蔵保管などの作業に従事し、炎天下で毎日10時間働いた。そこでは、大学生と移民労働者が一緒に働いていた。同じ仕事を同じ時間こなし、同じ賃金を得た。分け隔てのない統合チームであり、違いと言えば昼食ぐらいだった。私が持参した弁当より、彼らの牛肉のタコスやトルティーヤ、サルサのほうがはるかにうまそうだった。

当初、ブームさんが全員を平等に扱ったのは義務感からだと思っていたが、そうではなかった。彼は自宅で開いたバーベキューパーティーに全員を招待した。[注2] 誰も優遇されず、まさに平等だった。ブームさんが平等精神を貫いた結果、労働者たちは積極的に仕事に取り組むようになり、「自発的努力」をいかんなく発揮した。

Key
Question

重要な質問

あなたは、優れた業績をあげた人や高い教育を受けた人だけを尊重していないか？
洞察や探していた答えは、予想外の人から得られることもあると認識しているか？

全員がこんなに一生懸命に働き、しかもたくさんの笑顔がある職場を、ほかに見たことがない。ブームさんがつくった労働環境は、人種や教育程度、経済的状況に関係なく、他の労働者と対等な地位を保証するものだった。それによって、軽蔑されることを恐れず、必要なスキルの習得に根気強く取り組むことができた。そして最終的に、成果をあげたことにより自律性が認められた。作業は高いレベルで清潔かつ整然と進められたが、ブームさんが労働者を厳しく管理していたわけではない。彼がつくり出した「貢献者安全性」が、労働者の効率性を高める力の源になっていた。大学生が偉そうな態度を取ることはなくなり、移民労働者は「自分たちは二流市民ではない」とはっきり自覚するようになった。私たちは対等な関係で仕事ができるようになった。[注3]

ここまで読んで、あなたはこう思ったかもしれない。「素晴らしい。ブームさんが労働者たちに自信を持たせたから、全員が懸命に働き、成果をあげたのだろう」。そう考えたのなら、まだ物語の半分しか理解していない。ブームさんは成果をあげるだけでなく、それ以上のことを成し遂げた。それは、工業化していない農業に、先進的な考え方を植えつけたことだ。ブームさんは米中西部の出身で、両親は中学を卒業できていない。家族でフォード初の量産車モデルAに乗って、カリフォルニアに向かい、サリナスに定住した。メロン農園で働き、13歳の若さで労働組合の組合員になったブームさんは、正義と公平の精神を深く理解し、それが「ブルーゾーン」の創造につながった。

彼がつくった「ブルーゾーン」は恐れを根絶し、建設的なフィードバックのやり取りを可能にし、黙り込むのではなく、互いに思ったことを口に出し、ともに考えることで協力し合える環境だった。[注4] 人々は率直に話し、説明を求め、さらにはミスについても話すようになった。[注5] ほんの少しの不安を植えつけるだけで、恐怖に怯えるチームができてしまうので注意が必要だ。

Key Concept

重要コンセプト

恐怖に怯えるチームのメンバーはあなたに手や頭は貸すが、決して心は開かない。

みんな従順にうなずくだけになる。英国の哲学者ジョン・スチュアート・ミルが産業革命時代に「習慣という専制」と呼んだように、過去の習慣が現在においても強力にはびこり、人間の成長を妨げてしまう。私の主張が大げさではない証拠に、米国の調査会社ギャラップの報告書によると、全世界の従業員の85パーセントは「やる気がない、あるいは、積極的に仕事を避けている」状態にあり、結果として生産性が低下している。[注6] 企業の多くがいまだにハラスメント防止キャンペーンを実施していることから見ても、「レッドゾーン」を脱するためにやるべきことは山積している。

Key Question

重要な質問

あなたは、誰かを疎外する「レッドゾーン」をつくるような非言語的なサインを発したことがあるか？

私は、カリフォルニアのぶどう園での経験から、「貢献者安全性」が確保された環境で働いていると、ほとんどの人は「自発的努力」を惜しまないと確信するようになった。そうした組織では、チャンスさえ与えられれば、自律性とガイドとサポートと引き換えに素晴らしい成果がもたらされるだろう。

Key Question

重要な質問

あなたは「ブルーゾーン」で働いた経験があるか？
「レッドゾーン」で働いた経験と、その際のモチベーションはどうだったか？

人は誰でも、自分がどう扱われるかにとても敏感に反応し、「自発的努力」を調節する。あるとき、私は息子を、とても有名な医師のところに連れていった。その医師は私たちと目を合わさず、挨拶することもなく、手元の問診票を見つめたまま、「どうしたんですか？」と尋ねてきた。息子を手早く診察すると、処方箋を書き、あっという間に立ち去った。診察室を出ると、息子はこう言った。「パパ、ひどい医者だったね。ここにはもう来たくない」。診察自体は正しく、治療も適切で医師としては優秀だったが、それだけが医師の仕事なのだろうか。息子が観察していたのは人間関係だ。息子はこの医師に対して、なぜ強い反感を抱いたのか。それは、彼の腕は一流だったが、その態度が無愛想で、無関心だったからだ。

この医師は内向的な性格だから、そうした態度を取ったのだろうか（実際に私たちは、「内向的な性格」を言い訳に使うことが多い）。その理由を探るため、2人の大統領、ジョージ・ワシントンとエイブラハム・リンカーンを例に考えてみよう。両人とも、誰もが認める世界の歴史を変えた優れたリーダーだ。しかし、2人の気性や性格はまったく違う。ワシントンは圧倒的な存在感を示したが、話すのは苦手だった。一方のリンカーンは、存在感を示すのは下手だったが、スピーチは抜群にうまかった。ワシントンは威厳と風格があり、フォーマルで冷静、そして控えめだった。リンカーンは形式を嫌い、人なつっこく、ジョークやユーモアやエピソードで雰囲気を盛り上げるタイプだった。個性がそれほど違っていたにもかかわらず、2人とも「貢献者安全性」を育む力を持っていた。最高の人々を集め、たとえその中にねたみや怒りを持っている人がいたとしても、全員から最高の奉仕を引き出す力を備えていた。

私が言いたいのは、自分の気質や性格を理由に「貢献者安全性」を確保する義務を怠ってはならないということだ。私が通っていた高校に、ウェスターガード先生という英語教師がいて、とても厳格な人だった。先生はあまり多くを語らない人だったが、それでも私を尊重してくれているのが伝わってきた。私からのアドバイスとしては、極端なことはしないということだ。あなたが『スタートレック』のミスター・スポックのような態度を取れば、メンバーのことを気遣っていることが伝わらない。逆に大げさすぎると、メンバーはうんざりしてしまう。どんな状況でも、私たちは冷静さを失わずに感情的知性を発揮させて、他者との関係をコントロールする必要がある。紀元前4世紀、アリストテレスはそのような冷静さと節度の必要性を説いている。「感情というのは過剰でも過小でもうまく伝わらない。しかし、正しいときに、正しい対象や正しい人に対して、正しい動機と正しい方法で示される感情は、うまく伝わる」[注7]。さらに、自分らしくベストを尽くすことが肝心だ。

Key Question

重要な質問

あなたは、自分の態度や行動を周りがどう思っているか、明確に理解しているか?

理解していると思っている場合でも、あなたをよく知る5人に尋ねてみよう。

「貢献者安全性」を確保する心構えはできているか

私には以前、「カリスマ雇用」（私の造語）をしてしまった苦い経験がある。話術のうまさと自信満々な演技をリーダーシップと勘違いして、痛い目に遭った。そのときの状況はこうだった。私は営業部長を解雇して、後任を探す必要に迫られていた。そこに現れたのが、経験豊かで、洗練されていて、印象的な人物だった。その女性は、学歴、やる気、実績など、どれをとってもスーパースター級で、成功する条件を満たしていた。その上、カリスマ性もあった。カリスマ性は言葉では説明しがたい性質であり、実体を伴わないのでとても危険だ。カリスマ性の前では、経験豊かなリーダーでさえ、その人物の背景や経験、資格について厳しい質問をすることを躊躇し、適切な評価を怠ってしまう。私もまさにそうなった。その人は本当に堂々としていて、自信満々に「2年で売り上げを倍にできる」と豪語した。その言葉にあまりにも説得力があったため、私もまんまとだまされ、1年半後、後悔することになった。

その女性を抜擢した1カ月後、私が彼女の部署の様子を見にいくと、職場の雰囲気は凍りついていた。部員は黙り込み、動きも緩慢で、笑顔もぎこちない。この30日間、ここで何があったのだろうか。私は部員を呼び止め、話を聞いた。すると、ある部員は「恐怖支配が始まった」と言った。残念なことに、新しい部長の能力は高かったが、「貢献者安全性」を確保する心構えができていなかったようだ。実際のところ、リーダーも、リーダーの下で貢献すべきメンバーも、チームのために「貢献者安全性」の確保に努める義務がある。そのための心構えができているか、自問自答してみよう。

Key Question

重要な質問

あなたは、他人の成功を心から喜べるか？

リーダーが自問すべきは、「メンバーは、あなたによって導かれたいと思うだろうか？」ということだ。家族、チーム、ピットクルーなどのメンバーに対して、君たちはリーダーに従うことが社会契約で決められている、と言うこともできる。ただし、そのカードを使えば、リーダーが自発的努力を促す能力に欠けていることを白状するようなものだ。それでメンバーにやる気が出るわけがない。では、どうすればメンバーが成果を出したいと思うようになるのか？　この点について、人類は何千年も前から考え続けてきた。そして、一つわかったことがある。「人間は『貢献者安全性』を必要とする」という事実だ。

私は、恐怖と過酷な環境によって、人々が重労働を強いられている現場を数多く見てきた。そこで労働は確かに行われている。しかし、それは無気力な労働、怒りに満ちた労働、生産性の低い労働だ。それがいつまで続くのか？　有害な労働環境が高業績を生み出し、長続きした例を、私は見たことがない。有害な労働環境とは、従業員が自分の利益だけを求め、心ない発言や行動、虐待やいじめが横行する状況を指す。

Key Concept

重要コンセプト

有害な職場環境は、パフォーマンスを低下させる。なぜなら、メンバーは成果よりも心理的安全性の確保を心配するからだ。

リーダーがリスクを慎重に管理していて、メンバーに与えられた役割を果たす能力があるのなら、できる限り多くの自律性を与えるべきなのに、そうならないことも多い。人はなぜ、「貢献者安全性」を与えることに躊躇するのだろうか。

Key Question

重要な質問

あなたは「貢献者安全性」を獲得している人から取り上げたことがあるか？

「貢献者安全性」はあくまで獲得する特権であることを忘れないでほしい。メンバー側でスキルや能力、経験を生かす準備ができているのに、リーダーは不当な理由でそれを否定することが多い。不当な理由とは、リーダーの傲慢さや不安、個人や組織が抱くバイアス、先入観や差別、共感の欠如や無関心・無理解を助長する組織文化などだ。「貢献者安全性」は、メンバーに貢献する力があり、リーダーとチームメンバーの両方が自分のエゴをうまくコントロールできるときに生まれる。

観察力を高める

「ブルーゾーン」に必要な高いレベルの「貢献者安全性」を育むには、リーダーがチームのメンバーをよく知らなければならない。ともに時間を過ごし、それぞれの個性を理解し、言葉に真剣に耳を傾けるべきだ。実際、聞き役に根気よく徹すれば、多くの場合、人はそれまで黙っていたことを明かす。

そのうえで、彼らの行動を観察し、貢献の仕方に注意を払おう。メンバーの中には、自然に協力し合える人もいる。その人たちは対話によって成長する。問題解決を社会的なプロセスと見なし、雑談が大好きで激しいやり取りを好む。しかし、それに耐えられない人もいる。そんな人たちは内的なプロセスとして問題解決に取り組む。問題を分析し、じっくりと解決策を考えるのを好むが、議論の場で意見を戦わせようとは思わない。内省的で、孤独になりがちだが、一流のクリティカル・シンキングのスキルを持っている。

もしあなたがリーダーとして高い観察力を身につけず、メンバーの反応を読み取ろうともせず、リーダーシップとはパフォーマンスであり自分こそがショーの主役と考えているのなら、その見当外れの考え方はチームに致命的な打撃を与えかねない。この点について、簡単に自己診断する方法をここで紹介する。

Key Concept

重要コンセプト

リーダーは「探求」と「提言」に時間のほとんどを費やす。

つまり、リーダーは「何かを探求しようとする」か、あるいは「自分が探求して解明したことをメンバーにも伝えようとする」かのどちらかだ。リーダーの仕事のほとんどはこの二つに集約され、二つの明らかな行動パターンとして現れる。探求心を持って何かを知ろうとするとき、発見を求めているとき、会話や議論の中ですることは何か？　それは質問だ。一方、伝える活動、つまり自分の考えにメンバーを導こうとするとき、何をするか？　それは話すことだ。図9は、この「話す」と「聞く（質問する）」の関係を示している。

図9　「話す」と「聞く」の関係

「話す」と「聞く」の関係

「話す」と「聞く」の比率はどれぐらいか、自分の様子を1日か2日、観察してみよう。私は、上司がメンバーに何をすべきかを一方的に伝え、部下がただうなずくだけの会議を何度も経験した。話すことは効果的だが、聞き手は受け身になり、学習のスピードが遅くなる。大学のアメフトの世界は、「教えるモデル」が浸透している。コーチと選手のやり取りを見るだけで明らかだ。攻守交代ごとに、コーチが一方的に話し、選手はただじっと立ってうなずいている。これでは「フットボールIQ」と呼ばれる試合勘みたいなものが育つのに時間がかかるのも無理はない。

私も4年間、数え切れないほどの時間を練習とミーティングに費やして、コーチの言葉に耳を傾け、ビデオを見た。これは協同作業なのか？　本当の意味での対話なのか？　深く考えたのか？　まったく違う。信号雑音比（信号（signal）と雑音（noise）の比、SN比。値が大きいほど雑音が低く信号を聞き取りやすい）があまりに低いため、選手は聞くのをやめる。コーチの絶え間ない指示の声が最後には雑音になってしまう。たとえば、こんな感じだ。

「クラーク、身体の角度に気をつけろ。ラインを外れるのが遅すぎるんだ。手の構えもおかしい。もっと腰を下げて、相手の勢いを殺せ。ラインマンの構えを読んで、奴らが手にどれぐらいの体重を乗せているかを読み取るんだ。そうすれば、ランプレイが来るかどうか、わかるはずだ。タックルの最初のステップに気をつけろ。そいつは何をしている？　お前をインサイドに引き込もうとしているんだ。毎シーズン、奴らがそうしたドロートラップを多用することを、お前も知っているだろう」。こんな話が延々と続く。もし、このコーチが「話す」から「聞く」にやり方を変えたとしたら、そして、私にビデオのリモコンを手渡して、「クラーク、ここから次のプレーの映像だ。このシーンを分析してみんなに説明してくれ」と言ったとしたら、もっと早く上達していただろう。チームの文化と成績も一変していたはずだ。

Key
Concept

重要コンセプト

リーダーの「話す・聞く比率」は、チームのSN比と一致する。リーダーがいつも指示を出していたら、それが雑音になる。

この問題のリスクは何だろうか。私が知っている優秀で心優しいコーチの中にも、「話す」の比率が極端に高い人がいて、それが問題の原因になっている。彼らは才能ある選手たちを率いているが、慢性的に「教えるモード」に陥っているので、SN比が下がり、選手の能力を引き出せずにいる。コーチの声は、選手にとっては雑音にしか聞こえない。前述のように、チームの中には話し好きで、コーチとの議論にも進んで飛び込む者もいる。彼らはその状況は楽しいと感じる。しかし、静かで、思慮深く、内省的でかつ、多くの場合、鋭い頭脳の持ち主は、そうした場が苦手なので避けようとするだろう。

Key
Question

重要な質問

あなたの場合、「話す・聞く比率」はどれぐらいか?

注意深く聞き、最後に話す

私は以前、シリコンバレーのテクノロジー企業で、とても優秀なリーダーたちと仕事をしたことがある。彼らは、自分たちの成長とさらに大きな責任を担うことに備えて、6カ月のリーダーシップ・プログラムに参加するよう推薦を受けていた。私が関わったチームは、世界中から集まったメンバーで構成されていたため、リモートでプログラムをこなさなければならなかった。研修の締めくくりとして各チームに、経営陣に向けて戦略提案のプレゼンテーションをせよという課題が与えられた。そして、ついにプレゼンをする日がやってきた。そのリハーサルをするため、メンバーは1日前にそれぞれの拠点から本社に駆けつけた。週末を返上し、多くの犠牲を払って準備してきた彼らが、いよいよ本番を迎えた。

彼らのプレゼンは綿密なリサーチに基づいており構成も完璧で、与えられていた30分の1秒も無駄にしなかった。そのあと30分の質疑応答が予定されていた。彼らは疲れていたが、自分たちの発表に満足そうな表情を浮かべ、経営陣から質問や意見が出るのを待ち望んでいた。すると驚いたことに、ＣＥＯが最初に口を開いた。感情を顔に出さず、単調な声で「提案は良かったが、実行には費用がかかりすぎる」と言った。そして10分ほど、会社の戦略と優先事項について話し続けた。そのあと何が起きたか？　何も起こらなかった。ほかの幹部は一言も話さないまま、ＣＥＯの説教が終わると会はお開きとなり、意気消沈したチームは隣の会議室へ移動した。そこで私は、彼らの怒りとフラストレーションを鎮めることに1時間ほど費やした。

翌週、私は経営陣の何人かに連絡して、次回からは、まず役員が質問したり見解を述べたりしたあと、最後にＣＥＯが話すよう伝えてほしいと頼んだ。

Key Concept

重要コンセプト

大きな権限を持つ人が最初に話すと、それがチームを検閲することになる。

その後、私のフィードバックがＣＥＯに届けられたという連絡があった。だが、この物語はまだ終わりではない。翌年も、同じプログラムが実施された。新しいチームに、同じ課題が与えられた。彼らも1年前のチームと同じぐらいの時間と努力を重ね、プレゼンする日を迎えた。そして、よく練られたプレゼンをした後、CEOは前年とまったく同じことをした。質疑応答の最初の5分で、参加者全員を黙らせた。CEOの言い方や話した内容が失礼だったわけでも意地悪だったわけでもない。質疑応答が短時間で恥ずべき終わり方をしたのは、それがCEOという最大権力者の発言だったからだ。彼は無頓着で、鈍感で、自己中心的だった。

Key Question

重要な質問

あなたは、自分が話の主導権を握る必要はないと思えるほど、精神的に成熟しているか?

自分の役割を超えて考えるよう促す

「貢献者安全性」を高めるのに効果的な方法の一つは、チームメンバーがそれぞれの役割を超えて考えるように手助けすることだ。役割に縛られることで思考の範囲が限定されてしまいがちであることは、皆さんもお気づきだろう。そうなると、気球に飛び乗って上空から各パーツがどうつながっているのかを俯瞰できなくなり、視野が狭くなってサイロ化してしまう。

人がある組織に加入する場合、通常は組織の機能か部門の一部であるチームに参加する。そこで最初に、自分の役割に関連した基本的な業務のやり方を学ぶ。たとえばマーケティング部門ならグーグルで広告キャンペーンを実施する方法を、経理部門なら在庫照合のやり方を、購買部門なら新しい購買先企業の候補を調査する方法を、エンジニアリング部門ではアプリケーションをモバイル対応するためのコードの書き方を、販売部門では製品の実演をする方法を学ぶ。つまり、大抵の人は与えられた業務をベースにした戦術的思考を持つチームの中で育っていくわけだ。だから、自分の役割を果たすうちに、担当している仕事が上達する。

しかし、現代のように非常に複雑化した環境では、自分の役割を果たしながら、役割を超えて考える力がますます求められている。より大きな貢献をするためには「スキル」と「意志」が必要だ。「スキル」に関しては、通常、次のようなことが起きる。ある日、上司があなたの肩に手を置き、こう話しかけてくる。「もっと戦略的に考えてほしい。戦略的思考を身につけるんだ！」。すると、あなたはこう言う。「確かにそうですね。でも、どうすればいいのですか？」

上司の答えはこうだ。「まあ、とにかくやってみてくれ」

こうしたやり取りをした覚えはないだろうか。どの組織でもこのシーンが何度も繰り返されている。話を元に戻そう。自分の役割を超えて考えるには、「スキル」と「意志」の両方が必要になる。いや「意志」と「スキル」と言うべきだろう。この順番が大切だ。試してみる自信も心理的安全性も感じていないのに、自分の役割を超えて考えたり貢献したりしようとする人はいない。

Key Concept

重要コンセプト

メンバーが戦術別・機能別のサイロから抜け出して戦略的思考を実践できるようにするには、まずリーダーがメンバーに「貢献者安全性」を与えて自由にする必要がある。

以前、私はフォーチュン５００企業の購買部長と仕事をしたことがある。その人は、まるで自分が世襲制の君主で部下が小作農であるかのように威張っていた。その部長はある会議で、会社全体の購買計画についての戦略的思考が足りない、購買先企業をもっと絞り込む必要がある、と言って部下を叱りつけた。つまり、自分の役割を超えて考え、貢献するよう求めた。サポートの手を差し出さずに。チームには優れた能力を秘めたメンバーが何人かいたが、1年後に再会したときも、その能力は埋もれたままだった。

自分の役割以上のことを考えさせるようにするには、「機会」と直接の「呼びかけ」が必要だ。私の会社では、ソフトウェア開発チームにマーケティング戦略について考えてもらうようにしている。営業部門にソフトウェア開発について考えてもらうこともある。毎日、そのために時間をかけてしているわけではないが、従業員一人ひとりが自分の役割を超えて考えるよう意図的に呼びかけている。

Key Principle

重要原則

自らの役割を超えて考えるよう呼びかけることは、メンバー一人ひとりをより尊重し、貢献を期待してより大きな許可を与えることを意味する。

ここで重要なのが、その際に用いる方法だ。従業員には、本来の役割にも引き続き集中してもらう必要がある。リーダーが他部署とのコラボレーションに夢中になり、結局、混乱に陥ってしまったケースを何度か見たことがある。どんなテーマや課題に取り組むのかを明確にし、それについてのみを考えるように呼びかける。次に、あらゆる業務改善に関するアイデアや提案を常時募集する。ただし、それらはすべて検討されるが、すべてが受け入れられるとは限らないと、前もって知らせておく。

最後に、チームが混乱に陥るのを防ぐため、リーダーはどこまでが建設的な反対意見で、どこからが破壊的な脱線なのかを見分けなければならない。

Key Principle

重要原則

反対意見と脱線の違いを見分け、その境界を管理するのはリーダーの務めだ。

チームの現状を把握し、提案が実現可能かどうかを考え、貢献する目的で反対意見や別の観点から意見を述べるのと、チームの士気を損ない、前進に少しも貢献しない形で破壊的な異議を唱えるのは、まったく別の行為だ。建設的に反論する人は、自己認識力が高く純粋に貢献したいという意図に導かれている。破壊的に異議を唱える人は、個人の思惑と自己認識力の欠如により誤った方向に流されている。

まとめ

「貢献者安全性」のブルーゾーンを育てたいのなら、真に協力的な環境をつくろう。リーダーのスタイルが高圧的で、コミュニケーションが命令的で、自尊心が傷つきやすいと、「貢献者安全性」の苗を植えても枯れてしまう。チームが実行しやすい雰囲気をつくるのはリーダーの責任であることを忘れないでほしい。もしあなたが役職に就いておらず、影響力のみでチームを率いなければならないとしても、同じように「貢献者安全性」を育てよう。

チームにおける「貢献者安全性」のレベルは、リーダーのあなたがメンバーに対して、貢献するようにどの程度働きかけているかで決まる。そこに示されるのは、あなたの文化であり、あなたの行動DNAだ。あなたが何を与え、何を奪い、何を話し、何を聞き、何を問い、何を答え、どう行動し、どう反応し、どう分析し、どう解決するかが問われている。人はゲームに参加したがっていることを忘れずに！

重要コンセプト一覧

List of Key Concepts

- 恐怖や不安で身動きが取れない人を除いて、誰もが試合に出たいという深くて強い欲求を持っている。
- 目標を達成するための準備が、目標達成への欲求を生み出す。
- 組織は実行とイノベーションの二つのプロセスにのみ関与する。実行とは今日の価値を創造、提供することであり、イノベーションは明日の価値を創造、提供することを意味する。
- 攻めのイノベーションはチャンスへの対応で、守りのイノベーションは脅威や危機への対応だ。
- 能力があり、自身で責任を負う意志があるのなら、その人は「貢献者安全性」を受け取る準備ができている。

- 「自律性」と「成果」の交換が、人間のパフォーマンスの基本だ。
- 恐怖に怯えるチームのメンバーはあなたに手や頭は貸すが、決して心は開かない。
- 有害な職場環境は、パフォーマンスを低下させる。なぜなら、メンバーは成果よりも心理的安全性の確保を心配するからだ。
- リーダーは「探求」と「提言」に時間のほとんどを費やす。
- リーダーの「話す・聞く比率」は、チームのSN比と一致する。リーダーがいつも指示を出していたら、それが雑音になる。
- 大きな権限を持つ人が最初に話すと、それがチームを検閲することになる。
- メンバーが戦術別・機能別のサイロから抜け出して戦略的思考を実践できるようにするには、まずリーダーがメンバーに「貢献者安全性」を与えて自由にする必要がある。
- 自らの役割を超えて考えるよう呼びかけることは、メンバー一人ひとりをより尊重し、貢献を期待してより大きな許可を与えることを意味する。
- 反対意見と脱線の違いを見分け、その境界を管理するのはリーダーの務めだ。

- 外部からの脅威にさらされて、現状を変えることに対する不安が消えた経験があるか？
- スキル不足のメンバー、あるいは結果に対する責任を負う気のないメンバーに「貢献者安全性」を与えてしまった経験があるか？
- 「成果」と「自律性」の交換において、あなたにはどんな成果が期待されているか？
- あなたは、優れた業績をあげた人や高い教育を受けた人だけを尊重していないか？洞察や探していた答えは、予想外の人から得られることもあると認識しているか？
- あなたは、誰かを疎外する「レッドゾーン」をつくるような非言語的なサインを発したことがあるか？
- あなたは「ブルーゾーン」で働いた経験があるか？「レッドゾーン」で働いた経験と、その際のモチベーションはどうだったか？

○あなたは、自分の態度や行動を周りがどう思っているか、明確に理解しているか？
理解していると思っている場合でも、あなたをよく知る5人に尋ねてみよう。
○あなたは、他人の成功を心から喜べるか？
○あなたは「貢献者安全性」を獲得している人から取り上げたことがあるか？
○あなたの場合、「話す・聞く比率」はどれぐらいか？
○あなたは、自分が話の主導権を握る必要はないと思えるほど、精神的に成熟しているか？

第4段階

挑戦者安全性

どの社会にも、現状を守ろうとする人や、
革命の間も眠り続けている無関心な人もいる。
今の時代、我々が生き残れるかどうかは、覚醒し、
新たな考えに適応し、警戒を続け、
変化という挑戦に立ち向かう能力にかかっている。
——マーティン・ルーサー・キング・ジュニア
［米国の牧師］

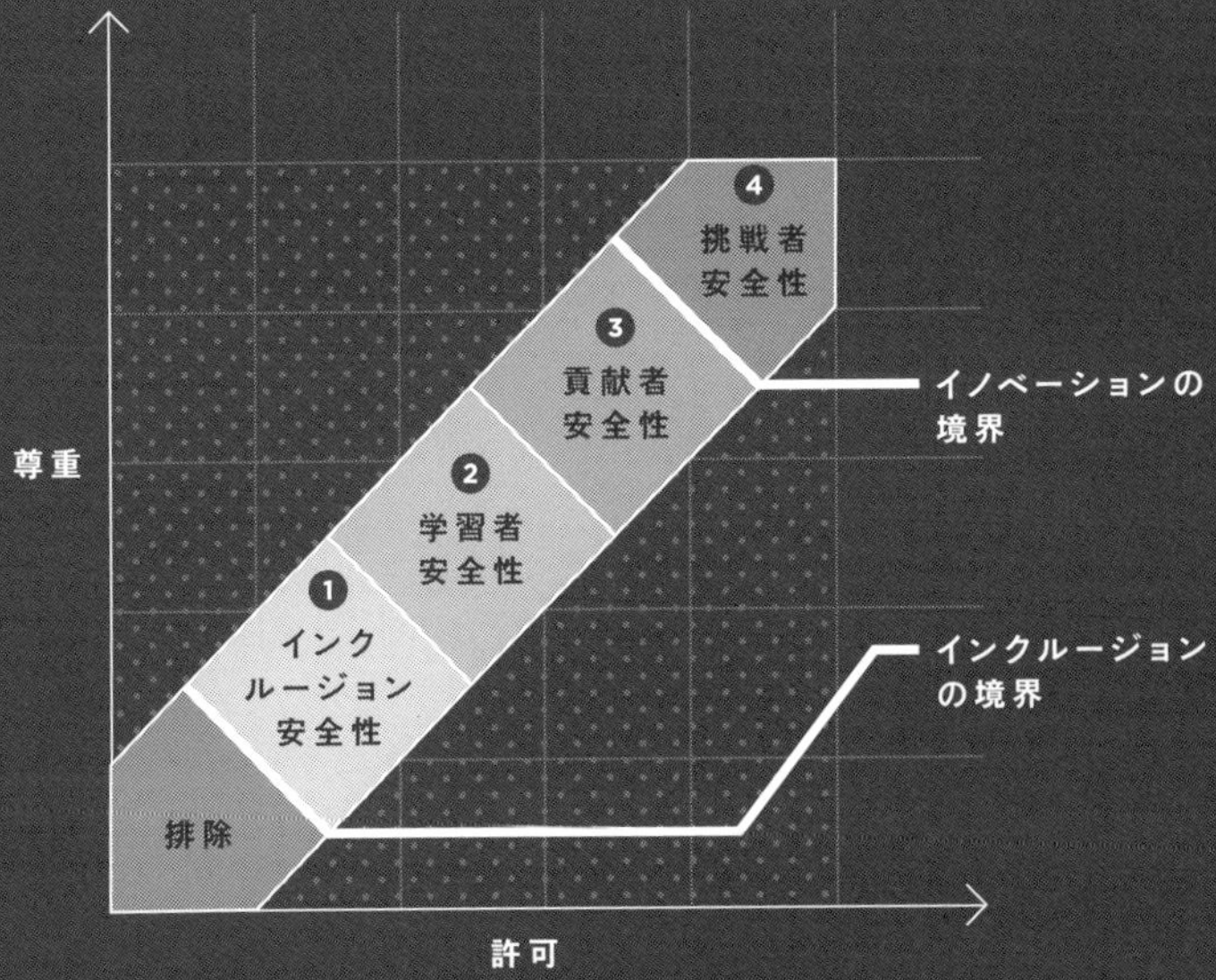

図10　インクルージョンとイノベーションの実現への最終段階

チームは変えることができる

少し前まで脳科学者は、小児期を過ぎると人の脳は変化しなくなると考えていた。しかしその後、何千億個もの神経細胞や何百兆通りもの細胞間接続には、信じられないくらいの柔軟性があることがわかった。脳には可塑性《かそせい》［構造や機能を変える能力］があり、自ら配線を変えることができる。チームも脳と同じだ。チームでは、神経細胞間ではなく、人と人の間にシナプス接続が生じる。そのスピードやパターンは千差万別だ。チームには驚くほどの可塑性があるため、どのチームがどれだけ能力を発揮できるかは誰にもわからない。わかっているのは、人の創意工夫の力は無限であるため、ときにチームが驚きの結果をもたらすことがある、ということだ。チームの可塑性には、何よりもリーダーの行動が反映される。リーダーが反対意見を抑え込むと、メンバーは突然の動きに反応する鹿のように萎縮する。リーダーが反対意見に耳を傾ければ、チームのイノベーション能力が高まる。チームは環境に反応する感覚器官を持っていて、周りの状況を社会的、感情的、知的に解釈し、適応していく。

Key Question

重要な質問

あなたのチームはリーダーからどんなことを学んだか？

私が以前、一緒に仕事をしたCEOは、業界の急速な変化に追いつくのに苦労していた。CEOは、自分のチームには知性も、好奇心も、起業家精神も足りないと言う。そして理性を失い、フラストレーションに突き動かされるように行動を起こした。その後、チームのムードは一変した。イノベーションを強引に推進しようとすればするほど、メンバーは沈黙して動こうとしなかった。恐れが好奇心を萎えさせ、メンバーはやる気を失い、動きが鈍り、硬直状態に陥った。

Key Concept

重要コンセプト

「挑戦者安全性」はイノベーションを民主化する。

数年間、ぱっとしない業績が続いたため、そのCEOは解雇された。幸運にも私は後継のCEOとも仕事をする機会があった。経営陣の顔ぶれは変わらなかったが、環境が変わった。新CEOは新しい社会技術、すなわち「挑戦者安全性」を導入した（図10）。そして「尊重」と「許可」を驚くべきレベルにまで引き上げ、文化的な障壁を取り払った。初めのうち、チームは少し戸惑ったが、その後、かつてないほど生産性が上がった。人は優しさや共感に反応するようにできている。[注1] メンバーは、改善を重ね、次々とイノベーションを起こし、それに応えた。新CEOはチームの神経系を再生させたと言えるだろう。情報の伝達速度が増し、共創プロセスが息を吹き返し、適応能力が生まれた。新CEOがチームの知性をかつてない高みへと引き上げた結果、チームの創造力、行動力、規律は高まり、メンバーは自己に高い要求を課すようになり、以前よりもはるかに強い自信と自覚を持てるようになった。

Key Concept

重要コンセプト

人と人との「接続」が、イノベーションを加速させる。

インプットを変えたことで、アウトプットが変化した。洞察、接続、連想、アイデア、予期せぬ発展、アハ体験の流れがそこにあった。これこそが「挑戦者安全性」がもたらす成果だ。もしあなたも対話を促しながら、反対意見を心から受け入れるなら、このCEOと同じ結果が得られるだろう。人は文化的な環境があれば、誰でも創造性を発揮できる。その環境を整え、メンバーが秘めている創造力を解放するのはリーダーの役目だ。[注2]

次に、もう一方の側面を考えてみよう。脳は可塑性を持っているが、基本的には変化に抵抗する。チームもそうだ。つまり、過去を引きずる。メンバーが組織になじむまでのプロセスのパターンや独自のルールはとても頑強で、なかなか置き換えることができない。

Key Concept

重要コンセプト

初めから「挑戦者安全性」を確保したチームをつくるほうが、あとでつくり直すよりもはるかに容易だ。

組織改革は「技術」「行動」「文化」の三つの層で行われるプロセスだ。三つすべてを同時に改善しようとすることが多いが、変化の速度は層ごとに異なる。最初の「技術」層は、構造的、または非人間的な層、あるいは「人工物」とも呼ばれる。システム、プロセス、構造、役割、責任、方針、手順、ツール、技術などがそれに当たる。これらはもともと変更可能なものであり、資金と権限があれば比較的早く改善できる。「行動」層では、メンバーが「技術」層や他の人と交流できるように行動様式を変革する。しかし、人の行動が変わったとしても、その人が新たな行動パターンを望み、続けたいと願っていないことも多い。「人工物」が人々の行動を支えているとき、それは足場として機能している。それを外せば、「文化」層に変化がない限り、行動は以前のパターンに逆戻りする。このような傾向は「平均への回帰」と呼ばれている。第三の変革は、価値観、信念、推論などからなる目に見えない「文化」層で起こる。

Key Question

重要な質問

変革に着手したが最後までやり遂げられず、元の状態に逆戻りした経験はあるか？

あらゆる社会単位において、「文化」層を変えるのが最も難しく、最後に変化する。

いわば遅行指標だ。人々に変化を強制し、従わせることはできるだろう。たとえば病院長が見ている前では、医師も看護師も院内感染のリスクを減らすためにしっかり手を洗うが、院長がいなくなると規則順守のレベルはたちまち下がる。なぜかというと、医師や看護師には内発的動機が欠けているからだ。そのため以前のパターンに逆戻りしてしまう。

チームの行動も同じだ。「挑戦者安全性」の確保をさらに難しくしているのは、リーダーがメンバーに行動の変化を求めるだけでなく、個人のリスクがより大きい環境でそれを求めるからだ。

勇者のステージ

心理的安全性の頂点にある第4段階は、「尊重」と「許可」が最高水準で交差する場所、いわば探索と実験に特化した最高レベルのゾーンだ。「貢献者安全性」から「挑戦者安全性」に移行するには、「イノベーションの境界」を越える必要がある。境界の先は、通常なら最大級の恐怖を伴うが、それに代わって可能な限り高いレベルの心理的安全性が確保されている。しかし、「挑戦者安全性」を生み出すのは、頭で理解するよりもはるかに難しい。すべてのリーダーにとって、究極の文化的探求だ。「挑戦者安全性」は、心理的安全性が非常に高く、現状打破に挑む力がチームにみなぎり、メンバーは自分の居心地の良い場所を離れ、創造的、あるいは破壊的なアイデアの実現に取り組めるレベルのこと。そうしたアイデアは現状を脅かすものであり、メンバー自身にとってもリスクとなるものだ。現状打破をメンバーに促すのは、自然なことでもあり、不自然なことでもある。人間は生まれながら創造的であるという意味で、自然な行為だ。生物学者のエドワード・O・ウィルソンは、創造性は「我々の種を特徴づけるユニークな特性」と指摘している。[注3] 創造の本能からモノをつくり改善したいという欲求が湧き出し、私たちを現状打破に挑戦させる原動力になるが、安全を感じられない環境で挑戦するのは不自然なことだ。厚い信頼に包まれた環境では、私たちは前に進み挑戦する。薄い信頼しかない場合、自己検閲本能が働いて挑戦をやめてしまう。周りの環境が、挑戦のための創造的な意欲を引き出したり押し殺したりする。権力を持つ人に真実を話すのは恐ろしいことだが、意見するのはもっと怖い。

却下され、恥をかくという大きな個人的リスクがあるからだ。

私は最近、ある大手医療機関の幹部に話を聞いた。その医療機関の組織は軍隊よりも重層的な階層構造だったので、早い段階で人事の現状に異議を唱えたが、そのせいで死にそうな思いをしたと言う。「私は、自分には知恵がありそれを生かせると思っていたのですが、どうやら間違いだったようです」と幹部は語る。「この組織では、言われたことを反論せずに正確に実行することだけが求められます」。南米の大手メディア企業で働く女性は、「私たちは創造することが許されていません」と言う。「上級幹部でなければ何も挑戦できません。挑戦したらクビです」

すべてのリーダーが、イノベーションにとって心理的安全性が不可欠だと確信しているわけではない。一部のリーダーは、心理的安全性とは人に優しくすることであり、そのためにはメンバーを甘やかさなければならないと思い込んでいる。この点について、ベン・ファー＝ウォートンとエース・シンプソンというオーストラリア人の学者が見事な指摘をしている。「システムマネジメントの観点から見ると、思いやりという人間らしい概念は無駄に思える。同僚の苦しみに気づき、共感し、理解し、反応すること（組織の思いやりのプロセスをどう定義するか）は、目の前の業務とは関係なく、甘えであり時間の無駄遣いと見なされるからだ[注4]」

心理的安全性は、メンバーに責任を負わせようとしないリーダーによる同情的で感傷的なたわごとにすぎないと言う人は、自らを否定している。その人たちは、イノベーションは強制では生み出せないという事実を認めようとしない。イノベーションのプロセスは政治的、対人的なリスクに取り囲まれている。そうしたリスクを引き下げ人間関係の障壁をなくさない限り、メンバーが能力のすべてを発揮することはないだろう。

心理的安全性の最終段階である「挑戦者安全性」は、四つの段階の中で最もデリケートで、荷が重く、プレッシャーやストレスがかかり、政治的で、高リスクの環境である。メンバー個人にとって恐怖と潜在的なリスクが最も大きくなるため、心理的安全性のレベルも最も高くしなければならない。メンバーが組織に求めることは、「インクルージョン安全性」では仲間になること、「学習者安全性」では励まし、「貢献者安全性」では自律だったが、「挑戦者安全性」では社会的交換の次元が変わる。組織はメンバーに、現状打破に挑戦することを求める。これは並大抵の要求ではない。その要求を妥当なものとするには、組織が挑戦しようとする人、歯に衣を着せずに具申する人を保護しなければならない。メンバーに個人的なリスクを負う勇気を持たせるためには、本格的かつ持続的な援護が欠かせない。

まだ腑に落ちない読者がいるかもしれないので、組織でイノベーションが生まれるときの状況を想像してみよう。自分の能力をクリエイティブな活動に生かす、あるいは個人的に何かに興味を持つのはいいことだ。しかし、そのことと、現状維持を是としている組織全体や組織文化の変革に挑戦することとは、まったく話が違う。「挑戦者安全性」が確保されていない組織では、そうした好奇心や創造性のあふれる行動に対して多大な代償が伴う。不確実性や曖昧さ、カオスに加えて、恥と苦痛と屈辱に苛まれる可能性が高い。イノベーションを起こすのが難しいのは、失敗を避ける確実な方法がないからだ。リーダーにできるのは、そのプロセスから周囲による非難や精神的なダメージを取り除くことである。少なくとも「挑戦者安全性」がなければ、コラボレーションを可能にする情報の流れが遮断されてしまう。

学習障害や注意欠陥多動障害、自閉スペクトラム症などを、神経や脳の違いによる「個性」と捉え、そうした人を採用する「ニューロダイバーシティー［ニューロマイノリティー（神経学的少数派）も、ジェンダー・人種などと同様に、一つのカテゴリーとして尊重する」」を実践する組織にとっても、生産性を高めるのに「挑戦者安全性」の確保が欠かせない。個人的な経験では、ニューロマイノリティーは恐れに対して特に敏感だ。すぐに反応し、防御モードからなかなか立ち直れなくなる。私たちはみな、現状に挑戦する勇気を持つために、「挑戦者安全性」を必要としている。

Key Question

重要な質問

直近で、あなたが勇気を振り絞って現状打破に挑戦したのはいつか？

私がリーダーに「挑戦者安全性」の概念を説明し、そこでは「率直な意見」と「保護」の社会的交換が行われると説明すると、リーダーの多くは「わかった」と言って大きくうなずく。そのとき、私は彼らを見つめて、こう返す。「いや、わかっていません」。あなたは、自分が求めようとしていることの大きさを理解していない」。あなたも本書をいったん置いて、鏡に顔を映し、じっと見つめてみよう。自分の部下にイノベーションを起こさせたいなら、自分が何を求めているのか、自身の心を掘り下げ、じっくり観察する必要がある。イノベーションは摩擦のない快適なプロセスではない。

イノベーションとは、現状の体制に風穴を開けることだ。意図的に軌道を外れなければならない。確実性を捨て、あえて曖昧さを選ぶ。大抵、それは失敗に終わる。以上は組織から見た話だ。ここからは、個人の視点で考えてみよう。

部下に向けて、「現状に異を唱えてイノベーションを起こせ」と言うとき、本当のところ、あなたは彼らに何を求めているのか。探求には冒険心が欠かせないが、実際には、自分を批判にさらし、失敗するリスクを冒し、チャンスをつかみ、傷つき、迎合せず、苦痛に耐えることを求めている。しかも、結果がどうなるかわからない状態でそうしろと言っているのだ。

自分がどんな要求をしているのかわかっただろう。リーダーがそれだけのことを求めるのなら、メンバーのほうもリーダーに対してそれなりの要求をして当然だ。彼らは、リーダーには損失をゼロにすることも、すべてのリスクを取り除けないことも、痛みをなくせないことも理解している。だからこそ少なくとも、この自由奔放なイノベーションのプロセスに取り組むときには、社会的、精神的に守ってほしいと求める。「恥をかいたり、拒絶されたりすることがないように」と願う。これは正当な要求だ。また、全員が快適さを捨てて創造的な貢献をしたいと思っているわけではないことも忘れてはならない。
ここで、誰が最初に動くかという問題が生じる。ある大学で職員研修をしていたとき、テーブルを囲んで議論している中で参加者の1人がこう言った。「『率直さ』と『保護』の交換という考え方は理解できます。ですが、『保護』が先だとあなたから経営陣に伝えてもらえませんか。と言うのも、彼らは『保護』を得ていない私に、『率直さ』を求めてくるので」。この人の言う通りだ。
「率直さ」を「保護」するとは、リーダーがメンバー全員に対して、あらゆる話題について、個人攻撃や悪意がない限り、率直に話す権利を守る状況をつくることだ。権利が守られていると感じると、人はその権利を行使するようになる（表7）。

Key Concept

重要コンセプト

「挑戦者安全性」の段階では、「率直さ」と「保護」の社会的交換が行われる。

心理的安全性の第4段階「挑戦者安全性」では、「尊重」を「個人のイノベーション能力の尊重」と再定義できる。「学習者安全性」と「貢献者安全性」における「尊

表7　第4段階 挑戦者安全性

段階	尊重の定義	許可の定義	社会的交換
1　インクルージョン安全性	その人を人間として尊重	組織に入るための許可	人間であり無害であることに対しインクルージョンを与える
2　学習者安全性	人が生まれながら持つ学習と成長への欲求に対する尊重	学習プロセスのすべてに取り組むことを許可	組織は学習を奨励し、メンバーは学習に励む
3　貢献者安全性	価値創造の能力に対する尊重	メンバーの自立と自らの判断による活動を許可	組織はガイドつきの自律性を与え、メンバーは成果で返す
4　挑戦者安全性	イノベーションの能力に対する尊重	誠意をもって現状打破に挑戦することを許可	メンバーの「率直さ」を組織が保護する

重」の定義と同じで、「挑戦者安全性」でも「尊重」は生まれながら持っている権利ではなく、実績に基づいて手に入れる権利だ。ある分野のエキスパートになるまでは発言すべきではない、ということではない。発言権は誰にでもある。しかし、実績に基づいた信頼があったほうが、周りの人がその人の声を真剣に聞いてくれることは確かだ。

「挑戦者安全性」に移行すると、「尊重」だけでなく「許可」の性質も変わる。この第4段階では、メンバーが誠実な態度で現状打破に挑戦することを、暗黙のうちに、あるいははっきりと許可する。つまり、その人が物事を改善したいという純粋な動機で行動すると仮定している。それ以外の資格や条件はない。

小刻みなアイデアで現状を少しずつ変えることもあれば、ときには画期的なアイデアで状況を一気に変えることもあるだろう。綿密に練り上げたアイデアを試す場合もあれば、ひらめきや直感をヒントにしたアイデアに頼る場合もある。「挑戦者安全性」がそこにあれば、来る者を拒まず、すべての提案を受け入れる。誰が提案したかによって、ある挑戦案をほかの挑戦案よりも重視することはあるかもしれない。だが、序列や階級に関係なく、一人ひとりの提案を尊重し、批判から保護し、大胆な発想を全員に期待する。

Key Question

重要な質問

自分が組織内でイノベーションを起こす資格があると感じているか？

「挑戦者安全性」がない場所で現状打破を試みた経験があなたにあるなら、きっと痛い目に遭っただろう。その苦い経験を繰り返さないよう今は慎重になっているに違いない。勇敢に行動したが報復され、あると信じていた援護射撃がなく、拒絶され丸裸にされた。そのような経験は、ストレスやトラウマといった心の傷となり、次回以降は必要以上に臆病に行動してしまう。

私が、規模の大きいある法執行機関の研修を請け負ったときのことだ。その組織文化が有毒で悪意に満ちているとすぐに感じた。案の定、普通に話し合うことがままならないほどメンバー同士の関係がギクシャクしていることが、議論を始めた途端に明らかになった。リーダーたちは、メンバーが批判を恐れるように仕向けることで、冷笑的な諦めムードをつくりあげていた。時折、皮肉や嫌みが聞かれるが、基本的に沈黙が続く。誰も本気で現状に異を唱えようとはしない。そんなことをすれば、あっという間に攻撃され、心に傷を負うことがわかっているからだ。

部下に現状打破を促しても、それに不可欠な「挑戦者安全性」が十分確保できていなければ、結果を期待しても無駄だ。勇敢な行動が罰せられるとわかっていたら、誰が勇気を振り絞って敵地へと進むだろうか？　意見が踏みにじられると知っていながら、自発的に意見を述べるだろうか？[注5]　安全でないことを承知で突っ込んでいくのは、愚か者だけだ。援護射撃がない状況で挑戦するのは愚かだし、それをさせようとするリーダーも腹黒い。現状打破に挑戦することが健全な不満の表れであっても、それは破壊的であり、個人にとってはリスクとなる。保護のない場所に、率直さはない。

人々は嫌な思いをするリスクを避けるために、守りの態勢に入るだろう。［注6］ミスをした場合には、隠蔽する誘惑に駆られるに違いない。

Key Question

重要な質問

直近で、あなたがミスを隠そうとしたのはいつか？隠そうと思った動機は？

例として、個人的な経験を紹介しよう。私は日本の東京で3年間、大槻忠男さん［著者は親しみを込めてタッドと呼ぶ］という日本人の上司のもとで働いた。部下になることを命じられたとき、私は精神的に身構えた。なぜなら、日本のビジネス文化では上下関係が厳しいという話を本で読んだことがあったからだ。私が読んだ日本社会に関する本には、次のような警告があった。「上司に反対意見を述べることは、不作法と見なされる」［注7］。「これはまずい」と私は思った。自分の意見を言わずにどうやって仕事をすればいいのかわからず、ときには上司の意見に逆らうことも必要だと思っていたからだ。しかし、私はポジティブな意味で驚かされた。タッドは協力的かつ信頼できる人物で、私が意見することを許してくれた。彼はアイデア至上主義を貫き、肩書や地位や権威にこだわらず、全員がフラットな力関係になるようにし、誰かの助けやフィードバックが必要なとき、メンバーに自分の弱さを感じさせないような環境をつくった。[注8] キャリアの晩年にあった彼は、複数の多国籍企業で働いてきた経験から、多様で多彩な人材からなるチームは「挑戦者安全性」という潤滑油で満たされないとイノベーションを起こせないと学んでいたようだ。イノベーションを起こすには未知の領域への挑戦が不可欠で、それには常に緊張とストレスが伴うことを理解していた。タッドは私に勇敢になるよう求めたが、その前に勇敢さを引き出すための組織体制をつくってくれた。だからこそ、出したアイデアが行き詰まってもまた挑戦できた。それを続けているうちに、チームが画期的なイノベーションを起こしてくれる。

Key Question

重要な質問

誰かが現状に挑戦するとき、あなたは肩書や地位や権限にとらわれないように努力しているか？

「挑戦者安全性」を確保する最後のステップとして、タッドが用いたのは透明性だった。彼は可能な限り情報を共有し、それを継続した。

Key Concept

重要コンセプト

リーダーが透明性を高めて未知の部分を減らせば減らすほど、従業員にとっては心配やストレスの種が減る。

私はそのやり方を受け入れた。上司が感情を害していないか注意深く観察しながら、少しずつ意見を出していった。そして最終的には、失敗や評価を恐れなくなった。アブラハム・マズローの言葉を借りるなら、そこが「安全に挑戦できる」環境だったからだ。[注9] 文化が挑戦を許容し、期待さえしているとわかったので、挑戦によってキャリアに傷がつく心配はないと確信できた。組織内にアイデアの実験室をつくるのはリーダーの役目であり、そこでは一般の業務スタイルとは異なる条件が適用される。イノベーションを起こそうとするとき、どんな条件が必要か考えてみよう。大抵の場合、データが乏しく、曖昧あるいは未知の部分が多く、失敗も多い。そのため、探求的な

調査を増やし、合理的でないアイデアにも寛容になり、多くの失敗を受け入れなければならない。[注10]

また、イノベーションが最も頻繁に起こるのは、ストレスのかかった状況、つまり、競争のプレッシャーを感じているとき、制約や限界に囲まれて解決策を見いだそうとするときなのは明らかだ。リラックスできるのんびりとした状況では起きない。

Key Concept

重要コンセプト

イノベーションのプロセスにおいては、ストレスと恐怖の関連性は薄い。

私たちが感じるストレスとプレッシャーが、必ず恐怖を引き起こすとは限らない。タッドの下で働いていたときも、大きなプレッシャーとともに爽快感を覚えることが何度もあった。プレッシャーは私たちを取り巻く競争的な環境がもたらしたもので、タッドは部下を発憤させるために恐怖やストレスを与えることはなかった。彼は「挑戦者安全性」を確保することで、ストレスをポジティブなエネルギーに変えた。当時、私は大赤字の部門を担当した。市場が低迷し、自由落下と言える状態だった。危機の際には人間関係もピリピリするものだが、タッドは逆に私との対話を増やし、常に冷静で集中力を高めて向き合った。ほかの誰かが感情を爆発させても、タッドはそれを和らげてくれる存在だった。結局、私たちは、より強靭で、迅速で、活力のある組織の力により、この危機を乗り越えた。

Key Concept

重要コンセプト

リーダーが現状の自然なストレスの上に恐怖を加えて部下を動かそうとせず、反対意見を歓迎するなら、危機のときにも創造性を発揮することができる。

イノベーションは社会的な営み

イノベーションとは、霧のかかった未来に目を向け、発散的思考、水平思考、連想的思考、非線形思考を駆使しながら、通常はつながりのない物事を結びつけ、より良いものをつくろうとする行為だ。そこには、基本的に三つの選択肢がある。

表8　イノベーションの二つのタイプ

タイプ1	タイプ2
・漸進的 ・派生的	・急進的 ・破壊的

❶既知の知識と既知の知識を結びつける
❷既知の知識と新たな知識を結びつける
❸新たな知識と新たな知識を結びつける

十数年前、ネットフリックスがブロックバスターを市場から追い出したときのことを覚えているだろうか。なぜネットフリックスにはそれが可能だったのか。それは、「普通郵便」と「コンパクトディスク」を結びつけたからだ。このありふれた二つの要素が、それまで誰も想像しなかった破壊的イノベーションの源になった。これは最も頻繁に見られるパターンだ。すでに存在する知識、ツール、技術、アイデアを土台にする。[注11] チョコレートとピーナッツバターを組み合わせたらどうなるか？　しかし、ここがイノベーションの皮肉なところだ。イノベーションは知識の上に構築されるが、それらを結びつけて新たな方法で価値を生み出すのは学習プロセスだ。

Key Concept

重要コンセプト

イノベーションのプロセスでは、「知る」ことより「学ぶ」ことが重要だ。

学習とは知識を組み合わせるプロセスだが、知識は常に陳腐化する。長期的に見て、持続的で順応性のある学習プロセスのほうが、劣化しやすい知識よりも価値がある。

さらに深く掘り下げると、イノベーションには二つのタイプがある。タイプ1は「漸進的・派生的」、タイプ2は「急進的・破壊的」だ（表8）。

Key Question

重要な質問

あなたの組織で最近起きたタイプ1のイノベーション（漸進的・派生的）は何か？

知っていること同士を組み合わせるのは最も自然なことなので、タイプ1のほうがはるかに一般的だ。それがうまくいかないとき、新しい組み合わせを試す（図11）。組み合わせ、組み換える。この組み換えこそが、イノベーションの本質であり、スティーブ・ジョブズが「創造性とはただ物事を結びつけることだ」と言った理由だろう。私はジョブズの言葉を次のように補足したい。

Key Concept

重要コンセプト

イノベーションとは、つながり合う人々が物事を結びつけるプロセスだ。

優れた音楽家をたくさん集めるだけで、美しい音楽が生まれるわけではない。彼らは協調して演奏する方法を学び、互いに結びついて初めて、魔法の瞬間が訪れる。

イノベーションのプロセス

もちろん、誰にも天才的なひらめき、インスピレーションの爆発、ユーレカモーメントを経験する可能性はある。しかし、ほとんどの場合、イノベーションは人と人の交流から生まれる。フェイスブック恒例のQ&Aセッションで、マーク・ザッカーバ

図11　ブレークスルーを生む方法

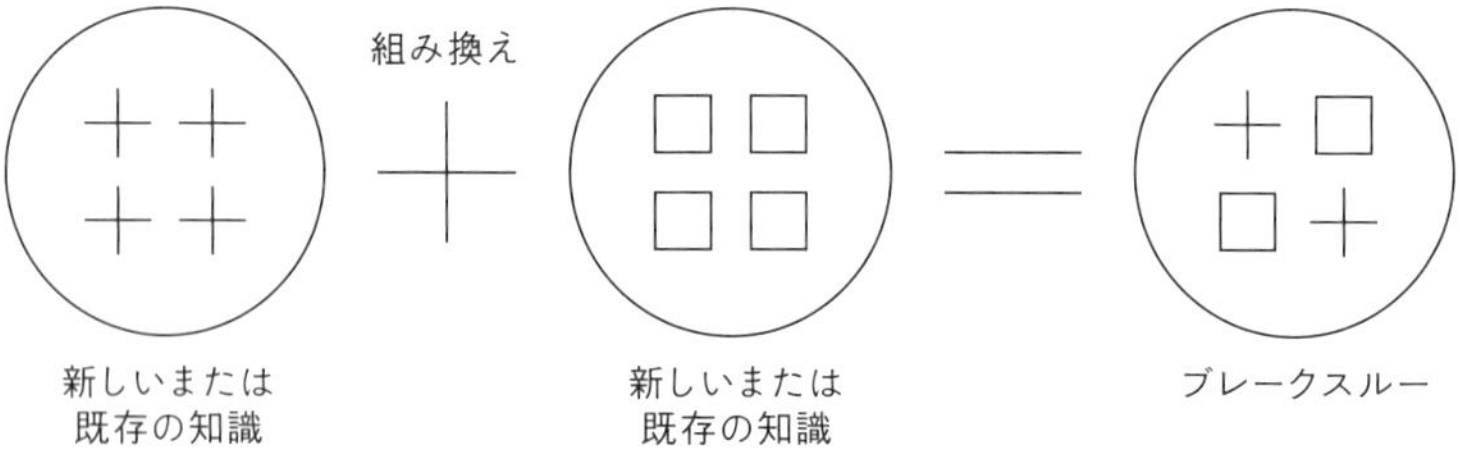

ーグがこう述べている。「通常、アイデアは急に浮かんでくるものではない。長い時間をかけて多くの人とそのことについて話したからこそ、生まれてくる」[注12]。ビーチ・ボーイズの天才的ミュージシャンであるブライアン・ウィルソンも、同じような告白をしている。「成功の鍵は、互いのアイデアと意見を尊重したことだ」[注13]。確かに、イノベーションを起こすには才能ある人材が欠かせない。しかし、大切なのは、一見無秩序で自然発生的に見えるプロセスの中で、人々が協力して互いのアイデアを混ぜ合わせ、融合させることにある。この点は、ソフトウェアを書く場合でも、音楽をつくる場合でも同じだ。イノベーションは社会的な営みにほかならない。

質問を歓迎しているか？

今日だけ文化人類学者になったつもりで、チームでイノベーションがどのように起こるか観察してみよう。注意深く観察すると、結局のところイノベーションは「探求」のプロセスから生まれることがわかる。このプロセスは、図12に示すように、五つのステップからなる。

最初のステップは「質問」だ。「質問」が触媒となりプロセスを活性化させる。質問がなければ何も起こらない。しかしその際、リスクがあることも知っておかなければならない。

Key Concept

重要コンセプト

質問することは、個人的なリスクを伴う。

イノベーションにつながる質問はほとんどの場合、大きな個人的リスクを伴う。なぜなら、現状打破に挑戦し、それまでのやり方を否定することになるからだ。キャリアの観点からは、ハイリスク・ハイリターンだと言える。一度自分に問いかけてみよう。「私のチームでは、ソフトで、簡単で、差し障りのない質問ではなく、破壊的な勇気ある質問が歓迎されているか？」

Key Question

重要な質問

あなたのチームでは、質問が歓迎されているか？

あなたはこれまで、厳しく不快な質問を歓迎する「探求の文化」を培ってきたか？　また、メンバーはそれを実感しているか？　たくさんのアイデアを求めるなら、たくさんの質問が必要だ。そのためには、「尊重」と「許可」に支えられた最高レベルの心理的安全性を育てなければならない。

イノベーションの探求プロセスの活性化は、最初のステップである質問の意欲を高められるかどうかにかかっていることに私たちはすぐ気づいた。どの組織も情報とアイデアをやり取りするが、すべての組織がイノベーションを起こせるわけではない。

図12　探求プロセス

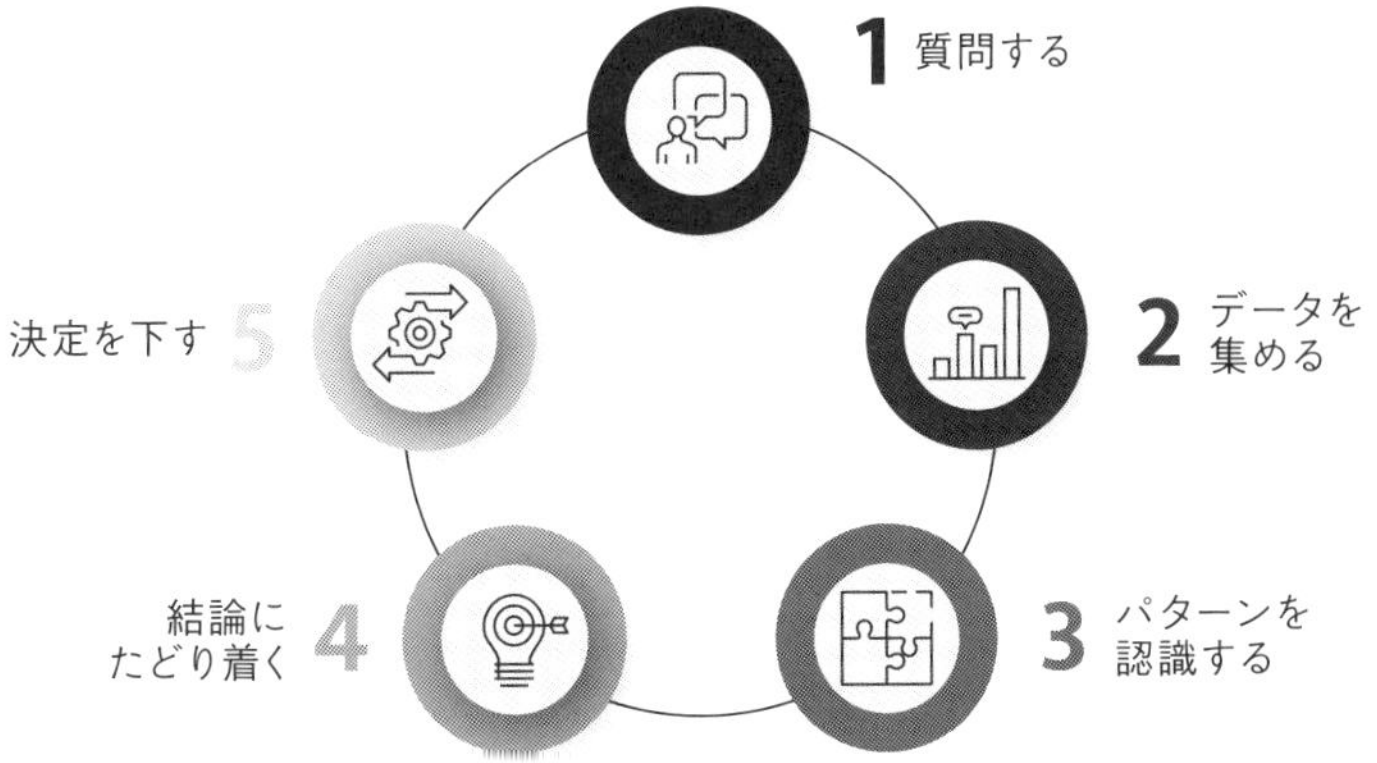

その違いは何か？　分析していくと、自然な答えは「摩擦」だとわかる。ものの見方は人それぞれで、導き出す結論も異なる。ここからが肝心だ。コラボレーションの歯車の動きをどうやって円滑にし、摩擦を減らすのか。それができれば、新たな価値を生むことができる。逆に摩擦が増えれば、歯車間に砂が入り込み、止まってしまうだろう。

私の日本人上司タッドは探求の文化を育てる名人だった。彼のやり方から私は二つのことを学んだ。一つは、くだらない質問などない。多くの人と同様、タッドも経験を通じて、「頭のいい人」と「無知な人」の差はほとんどないことを学び取った。もう一つは、禁止されている質問はないし、口にしてはならない話題もない。これらはタッドが確立した基本ルールで、彼自身の模範的な行動によって強化され、「話す」と「聞く」のバランスも半々だった。彼の手本と援護がなければ、私は探求プロセスを開始してイノベーションに取り組むことに消極的になっていただろう。つまり、質問を投げかけることがイノベーションを起こす起爆剤となり、質問を封じ込めたり、質問者を罰したりすると、イノベーションの芽を摘むことになる。

Key Concept

重要コンセプト

「挑戦者安全性」を奪うと、無意識のうちにチームは現状維持に向かう。

「挑戦者安全性」を奪うと、チームの集団思考を減らすどころか助長してしまう。メンバーに対して、考えないように、挑戦しないように条件づけしていることになり、チームはすぐにそれを学ぶ。瞬く間に、「自分と似た考えを持つ仲間たちのエコーチェンバー［自分と似た意見が返ってきて増幅していく閉鎖空間］に閉じこもってしまう」[注14]。

チームがイノベーションを起こせるかどうか、イノベーションにどれだけの時間がかかるかは、リーダー次第だ。リーダーは発見と情報の速度をコントロールし、問題解決のスピードを加速し、規律と俊敏性のある風土をつくり、チームが自己管理できるように行動パターンや規範をつくりあげることができる。

私が仕事をともにしたあるＣＥＯは、どの場面でも誰よりも多く話し、常に会議を支配しようとした。ステージを下りることができなかった。困り果てた人事部長の頼みを受けて、私はそのＣＥＯが出席する経営会議に同席し、様子を観察した。このＣＥＯは表だって誰かを攻撃するのではなく、さりげなく貶《おとし》める。ＣＥＯは自ら会議を始め、進行した。ＣＥＯは「はい・いいえ」式の質問をし、部下が「はい」か「いいえ」以上の説明をしようとすると、見るからに不機嫌になった。そして、忘れもしないことだが、あるトピックについて出席メンバーの間で生産的な会話が始まり２、３分たったころ、会議の真っ最中にもかかわらず、ＣＥＯがノートＰＣを開いてメールを書き始めた。信じられない思いで人事部長に目をやると、彼女は諦めの表情を見せていた。これが、そのＣＥＯの非難と検閲のやり方だった。結局、そのＣＥＯはクビになった。自業自得と言える。その会社では、各部門が縦割りの独立した知識ブロックとして機能し、決して融合することがなかった。

イノベーションは部門の垣根を越える活動だという点を忘れてはならない。成功をもたらすのは、単独行動ではなく互いに交流し助け合える関係だ。チームが一丸となり、イノベーション探求の5つのステップを踏んで生産的に活動できなければ、個別のメンバーがどんなに有能でもイノベーションは決して起こらない。チームが機能しなければ、勝利はもたらされない。地味に思えるかもしれないが、イノベーションの現場で観察されるのは、メンバー同士で話し合い、協同し、議論する姿だ。そのような相互作用とアイデアの融合を通じてのみ、建設的な反対意見、創造的な摩擦、結合と再結合のプロセスが起きる。

ジュネーブ製鉄の工場長だったころ、私は「どのシステムにも制約がある」という生涯の教訓を得た。制約は、出力を制限するだけでなく、それによってシステム全体の出力《アウトプット》が決まる。その制約がボトルネックとなり、システムのほかの部分ではそれを補完できない。陸上競技の4×400メートルのリレーを想像してみよう。4人チームのメンバー全員が、トラックを1周ずつ走る。メンバーの中であなたが最も遅ければ、それがチーム成績の決定要因になる。全員が頼り合っている。ほかの3人が48秒で走り、あなたが75秒かかっても、チームはそのタイムを合計時間に含めなければならない。ほかの3人がどれほど速くても、あなたが足を引っ張る。
イノベーションも同じだ。リーダーの役割は、「社会的摩擦」を減らして「知的摩擦」を増やすことであり、それがイノベーションの制約条件を緩和するのに最も効果的な方法だ。リーダーがそれを実践すれば、部下はイノベーション・プロセスに深く関わるようになる。なぜなら、彼らは理性と感情の両方を費やして自ら生み出したものに愛着を覚えるからだ。私はこれまで、イノベーションに必要なリソースに恵まれているにもかかわらず、「心理的安全性」というたった一つの要素が欠けていたために、それがシステムの制約条件となり、イノベーションの創出に失敗したチームをいくつも見てきた。

Key Question

重要な質問

チーム内の「社会的摩擦」を減らし「知的摩擦」を増やすために、あなたは何をするか?

現状維持のための通常業務の実行におけるコラボレーションと、イノベーションのためのコラボレーションはまったく異なる。日常業務は今日の価値を生むためのもの、イノベーションは明日の価値を生むためのものだ。いわば反乱軍の任務であり、破壊者としての行動が求められる。偉大な知のプロジェクトとはそういうものだ。そのプロセスは整然としているわけでも、直線的にすんなり進むわけでもない。乱雑で反復的だ。イノベーションとは、より良い何かが生まれる可能性に賭けて、やっかいな問題と創造的なカオスが結婚したようなものだと言える。

Key Concept

重要コンセプト

たくさん試し、たまに大成功を収める。それがイノベーションのパターンだ。

違いを探し、非難のリスクを減らす

組織のボトルネックを解消し、イノベーションの潜在的能力を解き放つプロセスをもう少し掘り下げてみよう。イノベーションの流れをつくるには、何をすべきか。まずは、違いを探し出すこと、次に、非難されるリスクを減らすことだ。

繰り返すが、イノベーションは、「人々がつながり合い、物事を結びつけるプロセス」と定義できる。ここで言う「物事を結びつける」とは、「普段はつながっていないものを結びつける」という意味だ。たとえば、ダイソン掃除機を発明したジェームズ・ダイソンは、材木置き場の屋根の上にある木くずを集めるサイクロン集塵機が動いているのを見た。すぐにそのサイクロン集塵機を、紙袋のない掃除機というアイデアと結びつけた。イノベーションがまったく異なるものを結びつけることで生まれるなら、リーダーの仕事はまずさまざまな違いを発見することだ。その違いがイノベーションの原材料になる。[注15]

求めるのは和を乱さないことや合意ではない。その逆で、違いを生み出し、引き出すことだ。新しくて奇抜で、これまで誰も思いつかなかったつながりをメンバーに見つけてもらいたい。では、どうすればそれが可能になるのか。まず、メンバー構成に違いをつくる。つまり、多様性に富んだチームを組むということだ。多様性は、思考の多様化につながり、異論を生み出す。つまり、多様性が豊かなチームは集団思考に陥りにくい。[注16] 次に、拡散的思考を奨励し、違いを引き出す。ピーター・ドラッカーは

「想像力を刺激するには、意見の相違が不可欠」と述べている。[注17] 繰り返しになるが、人はそれぞれ見方が異なり、異なる結論を引き出すため、摩擦が生まれる。

Key Question

重要な質問

あなたは集団思考に陥る危険からチームをどう守っているか？

ここでは繊細なバランス感覚が求められる。リーダーは「社会的摩擦」を減らす必要があるが、「知的摩擦」は減らしてはならない。「社会的摩擦」が多すぎると、イノベーションの歯車と歯車の間に砂が入り込み、止まってしまう。「知的摩擦」が少なすぎると、思考が均質になって鎖国化してしまい、環境変化に適応する能力が失われる。リーダーはまず、違いを育み、自然なプレッシャーやストレスはあっても恐怖はないような知的摩擦の舞台をつくる必要がある。

二つ目の提案も、最初のものと関連している。違いが出てきたら、リーダーは全力を尽くして非難されるリスクを減らすように努める。そのためには、まずリーダー自身が態度を改め、どんな形でも非難を許さないことをルール化し、チーム全員にそれを守る責任を負ってもらう。「挑戦者安全性」がイノベーション実現の条件であり、恐れと非難は阻害要因だ。人は生まれつき好奇心を持っており、その好奇心を持続させることが目標だ。非難はどんな形であっても知性を封じ込め、イノベーション・プロセスをストップさせてしまう。

Key Question

重要な質問

あなたのチームで非難のリスクを感じることはあるか？

私の会社の会議で、最高財務責任者（CFO）が、マーケティング計画や予算配分について考えを述べた最高マーケティング責任者をあからさまに非難する場面があった。私はその場で介入したり、CFOをたしなめたりせずそのままにした。チーム全員の前で何もしなかったことは私の臆病さを示すメッセージとなり、その後の1カ月間、元の状態に戻すために大変な苦労をするはめになった。何もしなかったことで、さらなる非難の扉を開け、イノベーションの扉を閉じてしまった。毅然とした態度を示す勇気がなかったため、私は「挑戦者安全性」を損ねてしまった。

最近、イスラエルとヨーロッパの社会心理学者の研究チームが、心理的安全性と創造性の関連性を実証した。人は、自分の弱さを利用されることがないとわかるだけで、勇気を出して創造プロセスに貢献できるようになる。[注18]

心理学者のミハイ・チクセントミハイはこう主張する。「私たちは生まれながら二つの相反する指令を与えられている。それは、自衛、自己愛、節約の本能といった保守的な傾向と、探索や新しさ、リスクを楽しむ本能といった拡張的な傾向であり、創造性につながる好奇心は後者に属する」[注19]

Key
Concept

重要コンセプト

絶妙なタイミングで浴びせられるちょっとした軽蔑ほど、好奇心と探究心を急速に低下させるものはない。

リーダーの中には、効果的に行うならメンバーへの非難も許されると考えている人がいる。おそらく、非難するのを何回か我慢すれば、1回ぐらいは許されるとでも思っているのだろう。しかし、そうではない。10回我慢して1回だけ非難したら、その

1回がより強く印象に残ってしまう。

Key Concept

重要コンセプト

「挑戦者安全性」がやっかいなのは、つくるのにはかなりの時間がかかるが、壊れるときは一瞬だからだ。

間違う覚悟はできているか？

前述のように、「挑戦者安全性」では「率直さ」と「保護」が社会的に交換される。組織がイノベーションを起こそうとしているなら、現状打破に挑もうとしている仲間の援護射撃に真剣に取り組む必要がある。そして、リーダーが、人とアイデアの両方を喜んで受け入れることにより、そのようなオープンさがメンバーにもはっきりと伝わる。さらに、リーダーには、間違えることに対して寛容になる能力が身につく。このオープンさがイノベーションのプロセスを活性化し、加速する。そこでは、リーダーはプレーヤー兼コーチだ。自ら現状に挑戦してもいいが、主な役割は、あらゆる方角からやってくるアイデアを潰すのではなく支援し、保護することだ。

ところがリーダーの中には、それができない人がいる。彼らは優れたアイデアを捕まえて捨てるか、自分のものにしようとする。出世が生きがいの人、名声を渇望し権力に執着する人、いつでも自分が正しいと思っている人。そんなリーダーにとっては、「挑戦者安全性」の確保は最難関の課題だろう。ユナイテッド航空のCEOであるオスカー・ムニョスは「感情的知性の重要性があまり理解されていないのは悲しいことだ。人々が喜んで近寄ってきて、アドバイスをしてもらえるような人になることを目指そう」と述べている。[注20]

私は以前、「間違えるのが下手」な上司のもとで働いたことがある。その人は、権力を笠に着て威張るタイプで、「自分で何でも知っていると勘違いしている連中は、実際に何でも知っている我々にとって迷惑な存在だ」とでも言いたげな態度を示し、独断的で上から目線、そして頭の固い人だった。彼のそばにいると疲れるだけでなく、危険だった。彼の垂れ流すエゴが、あらゆる場所で「挑戦者安全性」を消していった。当然ながら、部下たちは彼のやり方にすぐ順応し、チームは会議を単なる見せかけの会合に変えてしまった。会議では敬意を払うふりをして彼を持ち上げ、彼のいない井戸端会議が本当の話し合いの場となった。

Key Concept

重要コンセプト

リーダーがイノベーションの探求を出世競争にすり替えると、チームはイノベーションの共創的プロセスに不可欠なメンバー間の結束が得られなくなる。

その上司は、メンバーの発言を統制することで自分のテリトリーを守ろうとした。時代後れの支配モデルをそのまま現代に適用していたわけで、結局、それが原因で解雇された。皮肉なことに、この上司はとても知的な人物だったが、自分を弱く感じてそのように振る舞ったのだろう。彼は恥をかかされたり、自分の立場が脅かされたりするのを避けるため自分自身に「安全性」を与えようとして、部下の「挑戦者安全性」を奪い取ってしまった。これは、知的な人々が陥りやすいパターンだ。[注21]

リーダーは謙虚に、そしてオープンに、周囲の声に耳を傾けなければならない。それをしなければ、メンバーは何も言えなくなる。世界的に有名なチェロ奏者ヨーヨー・マはあるインタビューで「文化や分野の違いを超えて、実りのあるコラボレーションにする鍵は何か？」と尋ねられ、「エゴ・マネジメント［自己利益だけを考えて取る言動や行動の制御］」と答えた。小さな組織や大組織の下層レベルでエゴむき出しのパターンが見られることはあまりないが、役員レベルに近づくほど、頻繁に見られるようになる。リーダーシップ研究者のマンフレッド・ケッツ・ド・ブリースは、こう断言する。「経営幹部層で最も頻繁に見られる問題は病的なナルシシズムだ。ナルシシズムは持っているか否かではなく、私たちはみな、ナルシシズム的な性質をある程度備えている」

外部環境の変化のスピードが加速している今、組織全体を探索し、周りをよく観察し、視野を広げているリーダーには有利に働く。これからのリーダーは、「答えを持っている人」ではなく、「組織から潜在能力を引き出すことで答えを導き出す力を持つ人」だ。

もし、あなたが権限を持つリーダーだとしたら、どうすればいいだろうか？　まず、ここで挙げたことを全部実行するのは難しいことを理解しよう。リスクと恐れは、組織から与えられた権限と密接に関係している。メンバーはリーダーを持ち上げ、怒らせたり、混乱させたり、動揺させたりしたくないと思う。そのため、リーダーに伝える情報を選別する。だからこそ、組織は構造上フラットではなくても、文化的にはフラットでなければならない。平等主義を取り入れよう。そして地位を人為的な制約と見なす。

この点について、三つの実践的なアドバイスを紹介しよう。まず、定例会議の運営をチーム全員が交代でこなす。リーダーがその役割を独占するのが普通だが、全員に機会を与えるべきだ。そうすることで、全員が成長し、自信を持てるようになる。次に、毎週短時間の研修を実施し、これも交代で担当させる。経験に乏しく地位の低い人に、経験豊かで地位の高い人を訓練する機会を与えるわけだ。フラットな組織であるという明確なメッセージを送ることで、メンバーの成長が加速するだろう。三つ目は、チームのメンバーと1対1で話すとき、相手を呼びつけるのではなく、リーダーが会いに行く。前述の数学教師クレイグ・スミスは生徒のもとに足を運び、机の横にひざまずいて助言した。これこそが地位や役職の上下のギャップを埋める「サーバント・リーダーシップ（奉仕者としてのリーダーシップ）」の優れた実践例だ。「創意工夫の自由な発揮を阻む障壁が取り除かれた場所では、人は急速に欲望の範囲を広げられる

ようになった」と、オーストリアの経済学者フリードリヒ・アウグスト・フォン・ハイエクは主張する。[注22]

最後に、「成功の呪い」に気をつけよう。不幸なことに、「挑戦者安全性」を育むという点では、成功は味方にならないかもしれない。読者も経験したことがあるかもしれないが、成功は傲慢さを生み、傲慢さは謙虚さや思いやり、他人の意見を聞く姿勢を失わせる。[注23] あなたはこれまで根気と決断力によって素晴らしい実績を残してきたかもしれないが、自らの成功に足をすくわれないように気をつけよう。

最初に異論を出すように依頼する

イノベーションの敵は思考の均質化だ。では、どうすればそれを防げるのか。[注24] 答えは、「異論をアサインする」ことだ。正しい行動の模範を示しそれを規範として強化するだけでは不十分であり、リーダーが正式な立場から異論をアサインしなければならない。

リスクの高い環境で活動する一部の業界では、必要に迫られてこのやり方を習得した。たとえば、NASAは1960年代に「タイガーチーム」という仕組みを導入した。「タイガーチーム」とは、「経験と情熱と想像力の点で選び抜かれた、何にも縛られない専門家チームで、宇宙船の制御システムに起こりうるあらゆる故障の原因を徹底的に調査することが任務だった」[注25]。潜在的な問題、欠陥、リスクを見つけるのが彼らの仕事だった。IT部門がいわゆるホワイトハッカー［ハッカーの中でも、その技術を善良な目的で利用する人］に依頼して、データ侵害に対する脆弱性や潜在的原因を探るのと同じだ。

Key Question

重要な質問

あなたは普段から、プロジェクトやイニシアチブ、提案された行動方針に対して、異論を出すよう正式に働きかけているか？

私はシリコンバレーで数多くのテクノロジー企業と仕事をしてきたが、彼らも同様の目的で「レッドチーム」という名の仕組みを用いていた。チーム名は「忠実な反対者」「悪魔の弁護人」「事前診断」でもいいだろう。大切なのは、あなたが正式な立場からリソースを投入して、「アイデアを精査し、何が問題になりそうか、どこが弱点か、なぜ弱点になっているのかを進言する」任務をそのチームに与えることだ。そうすることで、率直な意見が保護される場を提供でき、チームは今の状況を是とする「現状維持バイアス」と「損失回避バイアス」を克服できるだろう。また、このやり方を用いれば、反対意見が重要だという組織文化が醸成され、社会的にも政治的にも受け入れられやすくなる。

Key Concept

重要コンセプト

プロジェクトやイニシアチブに、最初から異論を出すように依頼することで、現状打破に挑戦する際に自然に生じる恐れを取り除くことができる。

それは、メンバーに挑戦する許可を与えるだけでなく、期待を抱かせることにもなる。私の経験では、異論を出すようにアサインすることは、チーム文化に俊敏性を持たせるための最も効果的な方法だ。これよりも、迅速かつ強力に組織の常識をリセットする方法はほかにない。

まとめ

どの組織にとっても、学習と適応を継続して続けられる能力がまさに順応力、競争力、自衛力の究極の源であり、レジリエンスと再生の鍵である。この能力があって初めて、イノベーションに取り組みつつ、環境に適応し、先手を打てるようになる。リーダーは個人的に不安を覚えるかもしれないが、それでも先頭に立って、迅速に学習する手本を示さなければならない。これは「専門家型リーダーシップ」という考え方からの根本的な変化であり、リーダーには心理的にも社会的にも、これまでとはまったく異なる姿勢が求められる。リーダーは自分の知識やスキルに頼るのではなく、学習と適応を通じて自分の能力を高めていくようになる。

最後に、「挑戦者安全性」を確保する方法をいくつか提案したい。

- リーダーは文化の管理責任者であり、場の空気をつくる。あらゆる手段を用いて、メンバーの自由な発言権を守り、相手を黙らせようとする人に対してはきちんと対処する。
- ときにはメンバーに見えないものがリーダーには見え、その逆もあるだろう。もし、リーダーが自分のアイデアを執拗に守ろうとしたら、メンバーも同じことをするはずだ。自分が発案したという点にこだわるのはやめよう。
- メンバー全員に反対意見を述べる義務を与え、真実が語られることに備える。悪い知らせや反対意見にリーダーが否定的な態度を示せば、チームは沈黙に陥り、そのリーダーには無能の烙印が押されるだろう。
- 現状打破に挑戦する際の心理的な障壁を低くする。チームのメンバーに実際に挑戦してもらい、さまざまなアイデアを公平に議論しよう。
- チームは、迷ったり失敗したりした後、ようやく道を見つけて成功することが多い。それが普通だ。その道のりは障害が多く、行ったり来たりを繰り返し、紆余曲折があり、大きな転換点に遭遇することもあるだろう。リーダーは自分たちが未知の場所にいることを伝え、メンバーとともにその旅を楽しもう。

・リーダーがメンバーの提案を拒否するときは、その理由を説明し、相手を気遣う。リーダーが思慮深く応対すれば、メンバーは自信を失うことなく、発言や提案を続けるだろう。[注26]

重要コンセプト一覧

List of Key Concepts

- 「挑戦者安全性」はイノベーションを民主化する。
- 人と人との「接続」が、イノベーションを加速させる。
- 初めから「挑戦者安全性」を確保したチームをつくるほうが、あとでつくり直すよりもはるかに容易だ。
- 「挑戦者安全性」の段階では、「率直さ」と「保護」の社会的交換が行われる。
- リーダーが透明性を高めて未知の部分を減らせば減らすほど、従業員にとっては心配やストレスの種が減る。
- イノベーションのプロセスにおいては、ストレスと恐怖の関連性は薄い。

- リーダーが現状の自然なストレスの上に恐怖を加えて部下を動かそうとせず、反対意見を歓迎するなら、危機のときにも創造性を発揮することができる。
- イノベーションのプロセスでは、「知る」ことより「学ぶ」ことが重要だ。
- イノベーションとは、つながり合う人々が物事を結びつけるプロセスだ。
- 質問することは、個人的なリスクを伴う。
- 「挑戦者安全性」を奪うと、無意識のうちにチームは現状維持に向かう。
- たくさん試し、たまに大成功を収める。それがイノベーションのパターンだ。
- 絶妙なタイミングで浴びせられるちょっとした軽蔑ほど、好奇心と探究心を急速に低下させるものはない。
- 「挑戦者安全性」がやっかいなのは、つくるのにはかなりの時間がかかるが、壊れるときは一瞬だからだ。
- リーダーがイノベーションの探求を出世競争にすり替えると、チームはイノベーションの共創的プロセスに不可欠なメンバー間の結束が得られなくなる。
- プロジェクトやイニシアチブに、最初から異論を出すように依頼することで、現状打破に挑戦する際に自然に生じる恐れを取り除くことができる。

重要な質問一覧

List of Key Questions

- あなたのチームはリーダーからどんなことを学んだか？
- 変革に着手したが最後までやり遂げられず、元の状態に逆戻りした経験はあるか？
- 直近で、あなたが勇気を振り絞って現状打破に挑戦したのはいつか？
- 自分が組織内でイノベーションを起こす資格があると感じているか？
- 直近で、あなたがミスを隠そうとしたのはいつか？ 隠そうと思った動機は？
- 誰かが現状に挑戦するとき、あなたは肩書や地位や権限にとらわれないように努力しているか？
- あなたの組織で最近起きたタイプ1のイノベーション（漸進的・派生的）は何か？
- あなたのチームでは、質問が歓迎されているか？
- チーム内の「社会的摩擦」を減らし「知的摩擦」を増やすために、あなたは何をするか？
- あなたは集団思考に陥る危険からチームをどう守っているか？

○あなたのチームで非難のリスクを感じることはあるか？
○あなたは普段から、プロジェクトやイニシアチブ、提案された行動方針に対して、異論を出すよう正式に働きかけているか？

おわりに

パターナリズムと搾取の回避

あなたが自由なら、ほかの人も自由にすること、
あなたに力があるなら、ほかの人にも力を与えることが、
あなたの本当の仕事であることを忘れないでほしい。
——トニ・モリスン——
[米国の作家]

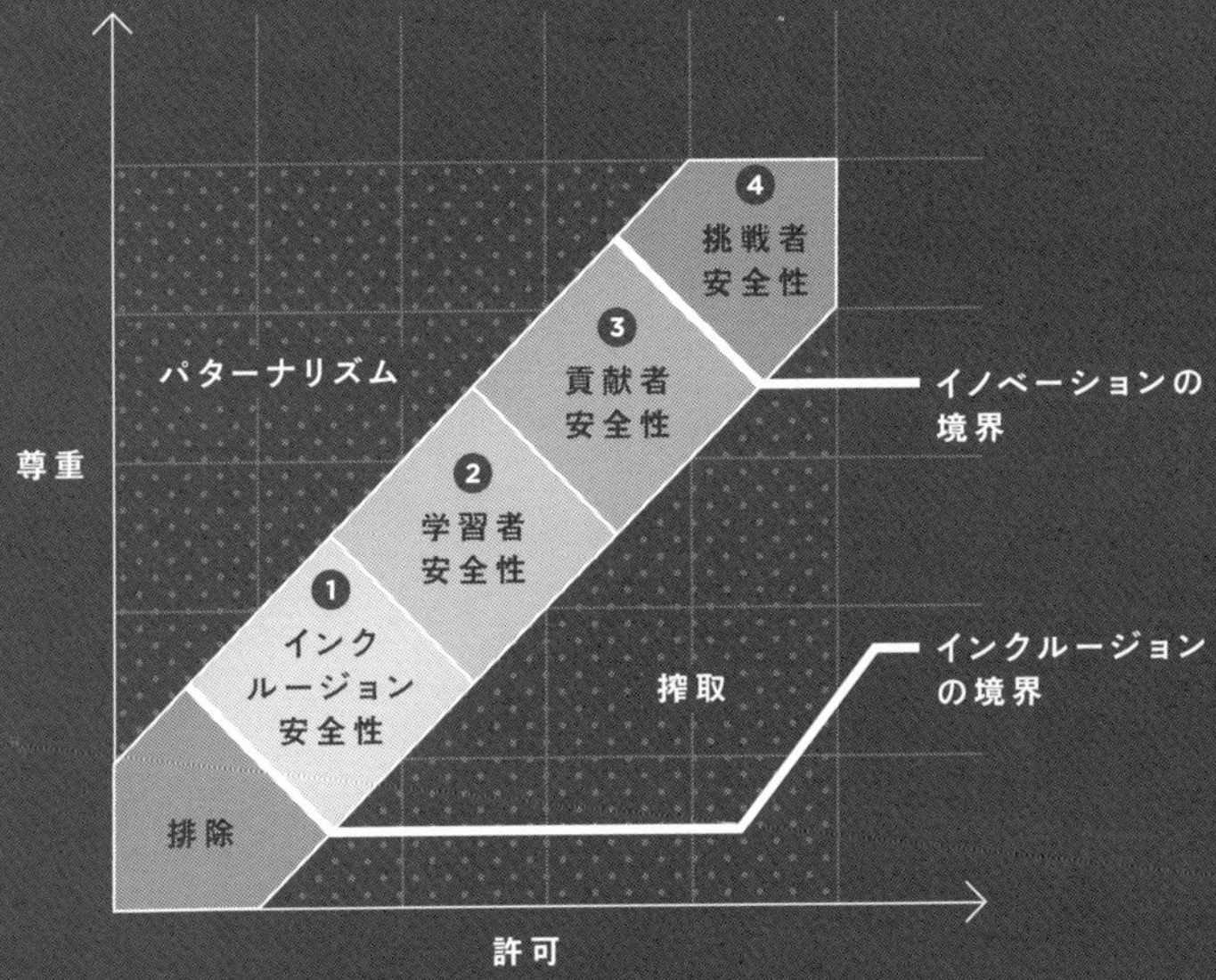

図13　「尊重」と「許可」のレベルが低いと現れる危険な状況

心理的安全性には、「尊重」と参加への「許可」の両方が必要だ。どちらか一方だけでは危険な偏りが生じ、人をさまざまな形で傷つける。「許可」が欠けているとチームはパターナリズムに、「尊重」が足りていないと、搾取の溝にはまる（図13）。いずれの場合も、組織は最高のパフォーマンスを発揮するためのモチベーションと自信、団結力を失う。

Key Concept

重要コンセプト

パターナリズムと搾取は、組織を恐怖で満たす。

「許可」が不足するパターナリズムは、社会的孤立の恐怖を生み出す。何をすべきか常に指図されていると、人はそれに慣れ、次第に受動的になり、自信をなくして自立するのが怖くなる。自由よりも快適さ、自立よりも安全を求めるようになる。

自分の考えを述べて自分で決断する欲求よりも、周囲に合わせるという社会的圧力のほうが強くなるのはなぜか。[注1] その答えを握るのがパターナリズムと搾取だ。教え込まれるか、強制されるかの違いはあるが、いずれも従順な服従が求められる。東ヨーロッパが自由化された数年後、私はしばらくポーランドで過ごした。たくさんの人に出会い、いくつかの製造工場を視察した。そこでは、ソビエトの影響や独裁支配が長く続いたため、パターナリズムと搾取の行動様式が至るところに染みついていて、なかなか消えなかった。一部の人々は、共産主義のパターナリズムに屈服し、希望のない未来を受け入れ、一部の人々は抵抗し、抑圧の鎖を断ち切り、ビジネスを立ち上げ、状況をより良くするために奔走した。

同じように、「尊重」が不足している搾取は、孤立の恐れとともに傷つけられることへの恐れも生む。以前、仕事で上海を訪れたとき、会合の相手は、内密の打ち合わせがあるときは会議室ではなく路上で行っていると言っていた。オフィスは政府によって盗聴器が仕掛けられ監視されている恐れがある、というのがその理由だった。

どちらのケースも、心理的安全性に不可欠な「尊重」と「許可」のバランスが欠けており、個人と組織が潜在能力を発揮するのを阻んでいた。私がインタビューした、南米の独裁政府の抑圧下で暮らす女性は、「私たちは創造的であることが許されていません」と語った。パターナリズムと搾取のパターンは世界共通で、どの社会にも存在し、どの文化にも浸透している。この二つのパターンを詳しく見ていこう。

パターナリズムと搾取の溝

パターナリズムは、あなたの上位にある権威が、あなたの最善の利益のために何をすべきか指示する状況を指す。その権威があなたのニーズを満たしたり行動を規制したりするのは、あなたにそれを実行する能力がないと考えているからだ。[注2]最も一般的なパターナリズムの形は法律だ。投票できるのは18歳以上、運転時にはシートベルトを締める、波の高い日に泳いではならない。これらは賢明な判断だが、説得力に欠ける法律もある。「セルフで車に給油してはいけない」「ビッグフット［未確認生物］を傷つけてはいけない」「フライドチキンを素手以外で食べるのは禁止」、「日没後、後ろ歩きしてはならない」などだ［米国の州法などの例］。

自分自身や他人を傷つけないように、私たちを守り、自由を監視し、行動を指示してくれる親や教師、コーチ、上司などが必要だとよく言われる。確かに、そのような穏やかな独裁が正当化されるケースもある。たとえば、私の息子が運転免許証を得るために練習をしていた話を前にした。運転免許の試験に合格した息子が役所に免許証を受け取りに行ったとき、対応した女性職員は息子に「親にはいつでも免許証を取り上げる権利がある」とはっきりと伝えた。このようにパターナリズムが良い効果を発揮し、必要とされる場面も多い。自分で自分を守れるように成長するまで、私たちを守ってくれる。

Key Question

重要な質問

あなたはチームや個人に対して、誤ったパターナリズムを適用したことはあるか？　そうする理由は？

個人を尊重しながらも、その人に選ぶ権利を与えないなら、それは誤ったパターナリズムだ。パターナリズムが必要な機会や場面は存在するが、個人が多くの指示を受けずに学習し、貢献し、イノベーションを起こす能力を証明したなら、パターナリズムはもういらない。そのような個人に対しては、話に耳を傾け、勇気づけ、力を与えなければならない。外発的動機づけに操られると、人は外部から与えられる罰や報酬でしか動かなくなる。[注3] その結果、自律性が奪われ、内側から湧く意欲も削がれる。

Key Principle

重要原則

不必要なパターナリズムは依存性と無力感を強め、欲求不満と反発を助長する恐れがある。

高等教育、医療、そして政府機関は、専門性と能力の高さ、連携が求められる分野だ。しかし、民間企業よりもリスクを嫌い、新しいアイデアを生み出したり、テストしたりするための確立した規範や体制ができていない。「口出しするな」の標識を掲げ、「仲良し」文化に染まり、パターナリズムの溝にはまり込んでしまいがちだ。

私はこれまで数多くの大学や医療機関、政府機関と仕事をしてきて、常にこのパターンに遭遇した。医療機関は患者の命と安全の確保を使命としているが、ほとんどの病院は製鉄所と同じく壊れた権威主義に支配されている。同様に、教育・研究という使命を負う高等教育機関のほとんども、合議制で動く傾向が強い。こうした機関に深く根づいている人間を尊重する姿勢には非の打ちどころはない。しかし、それらの組織は、メンバーが学び、参加し、そして何よりもイノベーションに取り組むことを許可するのに苦労している。どの組織も、氷河のようなゆっくりとした変化とパターナリズム的なリーダーシップの伝統にどっぷりと浸かっているからだ。激動の時代にはパターナリズムが有益だと思うなら、2016年以降、米国では84もの非営利の高等教育機関が閉鎖、統合されていることに目を向けてほしい。[注4]

これらの機関は、挑戦しようとする人を恐怖心ではなく、無視という手段を用いて妨害する。アイデアに耳を傾け、議論を受け入れ、破壊的な行動の提案に賛意を示し、それらすべてを検討して、最後にはただ微笑む。だが、何も起こらない。その結果、人々は恐怖心から自己検閲をするのではなく、欲求不満がたまり去っていく。

私は1年間にわたって、ある大手病院の組織改革をサポートしたことがある。より良い組織に変えるため、私たちは診療と経営管理の両面で数カ月をかけて改革案を練った。長期的な戦略と短期的な戦術の計画を立て、さらには任務の割り当てや期日なども含む短期の運営計画も練った。すべての準備が整ったとき、経営陣がやって来てこう言った。「今はまだ改革の準備が整っているとは思えない。来年、改めて検討しよう」

パターナリズムに陥ったほとんどのリーダーが最終的に学ぶ教訓を、この病院も学んだ。「パターナリズムは短期的には安全だが、長期的には危険だ」。リーダーは良かれと思ってそうしているのだが、組織の下部からリーダーへと流れる知識の循環を断ち切ることになり、その結果、孤立し、のちに危機に陥る。

医療機関、高等教育機関、政府機関はパターナリズムの典型例だが、あらゆる業界にパターナリズムが見つかる。その傾向が特に強い社会では、権威に対する服従や過去を称賛する傾向が強い。メンバーは忠誠心に欠けると思われたくないので、どんな要求でも受け入れる。拒否することはまれで、誰もが周囲からの反感を恐れる。そのような状態が続けば、率直さが失われていく。このパターンが広く深く浸透すると、危機に直面したときに対応できなくなる。

自然災害を除いて、人間が招いたほぼすべての危機には前兆がある。パターナリズム的な組織では、前兆が無視されることが多い。不祥事や経営破綻が突然起こることはない。組織はなぜ、警告の初期サインを無視してしまうのか。機敏で警戒心の強い組織はしっかり反応できるが、パターナリズムにまみれたのろまな組織は見過ごしてしまう。

搾取の溝

「許可」を多く与え「尊重」が少ないと、搾取につながる。利益と満足のために他者を独裁支配したいという衝動はいつの時代にもあり、それが搾取の動機になることが多い。

Key Concept

重要コンセプト

個人の場合も、組織の場合も、搾取には、人心操作や強制を通じて人から価値を抽出するために、何らかの抑圧的な手段が用いられる。

搾取の程度はさまざまだが、どの場合も、搾取する側の根底には利己的な野心がある。ジェームズ・マディソン〔米国第4代大統領、政治学者〕は『ザ・フェデラリスト第10篇』の中で、「賢明な政治家がいつも舵取りをしてくれるとは限らない」と注意を促している。たとえば、中国の巨大インターネット企業アリババの創業者ジャック・

マーは「996勤務スケジュール」という働き方を推進した。「従業員は週6日、毎日朝9時から夜9時まで、残業手当なしで働かなければならない」というもので、マーは正当性を演出するためその考えに「哲学」の衣を着せた。私の甥も最近同じような経験をした。大手投資銀行で働いていたのだが、毎日早朝6時から夜の9時まで働くことが求められたので、退職を決めた。そのような会社では、人間の欲求が考慮されておらず、従業員から価値だけを搾り取っている。その証拠に、価値の「創造」と「取り込み」の間に極端なアンバランスが見て取れる。企業買収を重ねてそれが常態化すると、企業のトップは株主利益を最優先させて組織を運営するようになる。[注5]それがきっかけとなって、経営陣による従業員の管理が略奪的な方向へと重点を移す。

私が心配するのは、組織のメンバーが搾取を受け入れるように条件づけられ、虐待が当たり前になってしまうことだ。ロシアの偉大な小説家アレクサンドル・ソルジェニーツィンはこう記した。「小作人は寡黙な民であり、文学的な声もなく、不満や回顧録を書くこともない」。[注6]ソルジェニーツィンは違う時代の違う場所について書いたが、パターンは今も同じだ。「搾取が許されると、人は文句を言わずにそれを受け入れる」。搾取される側の人々が、自分たちが被っている搾取を弁護することすらある。

さらに、リーダーが「優しさと寛大さ」と「暴力と虐待」を交互に用いるとき、搾取の状況がわかりにくくなり、搾取が長続きすることになる。

Key Concept

重要コンセプト

搾取とは、他の人から価値を絞り取り、その人間が本来持っている価値を無視することだ。

市民社会では、強制的搾取のほとんどは違法であるため、表面化することはまずない。ところが皮肉なことに、公的には社会から奴隷制を締め出したにもかかわらず、人身売買は過去の最高水準で行われていて、約4000万人が強制的に働かされていると推測されている。しかし、最も広く行われている搾取の形態は違法ではない。非道徳的なだけだ。それらは非礼、不親切、無神経、虐待的で、恐ろしい犠牲を強いる。たとえば、クリスティーン・ポラスとクリスティーン・ピアソンの調査では、労働者の98パーセントが職場で非礼な扱いを経験したことがあると答えた。そのうちの半数が、少なくとも週に1回は、非礼な扱いを受けている。[注7]

Key Question

重要な質問

あなたはグループや個人に対して、搾取的な態度を示すことがあるか？
そうする理由は？

偽りの仲間の国には用心を

本書の「はじめに」で、人は所属することを渇望していると述べた。しかし、この欲求が行きすぎることもある。あなたの所属欲求が悪用されないように気をつけないといけない。受け入れの態度が見せかけであり、悪意があるときは、受け入れられずに生きるほうがずっとましだ。哲学者のテリー・ワーナーがまさに指摘したように、「不安からの救済として、承認が差し出される」[注8]ことがある。しかしどこかの時点では、ほかの人がどう考えているか気にするのをやめたほうがいい。やめなければ搾取されやすくなり、誰かによる支配やコントロールを許し、犠牲者として生きていくことになる。社会的承認や所属、人とのつながりは不可欠だが、誰もが絶え間なく承認を求めているわけではない。あなたが孤立を最も恐れているなら、搾取の餌食になりやすい。だからこそ、他人の目線を気にするのをやめたほうがいいだろう。デジタルの世界では、自分ひとりでいることに幸せを感じる能力が生き残りの必須スキルだ。必要なら、世間に普及した考え方を否定してもいい。

Key Concept

重要コンセプト

私たちは、それが間違った種類のものでも、周りから注目されることを切望する。注目されるだけでは決して満足しないが、注目によって深く傷つくこともある。

ある日、息子が中学校から帰ってきて、友達がインスタグラムでフォロワーをどうやって集めているか話し始めた。友人の数人は両親のクレジットカードを使ってフォロワーを買っていると言う。それだけでもひどい話だが、息子によると、両親がそれを促している家庭もあるそうだ。「いいね」を増やすことが、最優先事項になっているようだ。

幸せになりたいのなら、自分を守るために、ときには丁重につながりを断つことも必要だ。常に誰かから認めてもらえなければ、自分本来の価値が薄れると考えている人は、「本来」の意味を理解していない。[注9]

もしあなたが仲間に加わらず、彼らがやろうとしていることをせず、同じような考えを持たず、同じような服装をしないならば、あなたに恥をかかせてやろうと多くの人が手ぐすねを引いて待っている。自分の幸せが人々の意見に左右されると思うなら、不幸になることを覚悟したほうがいい。

羞恥を規範とする文化は人々に服従を求め、仲間の輪を去ろうとする人を侮辱する。そのような場所では、お世辞と偽りの称賛のやり取りの上に人間関係が成り立つ。現実が歪曲された場所では、私たちは隣人に、隣人は私たちに、フィクションを吹き込む。外見とイメージを肴に、自己欺瞞という強いワインを飲む。もしそのような臆病者たちの集団の中で暮らし、働いているなら、次のことを思い出してほしい。人類は昔から誰もが歓迎され、入場は無料だが真実は禁じられた社会的単位をつくってきた。そんな場所では、「本当の自分」にはなれない。

偽りの友情の国では、メンバーは自分自身の優越感と、他者に対する侮蔑感という共通感覚からアイデンティティーを確立する。人間関係は表面的で、忠誠心は条件つきだ。人は自分自身についての真実から目をそらすために、そうした人間関係を結ぶ。

Key Concept

重要コンセプト

偽りの友情の国では、不自然な競争が自然な愛情に取って代わる。

では、すでに偽りの友情の国に所属しているなら、どうすればいいのだろうか？ 逃げなければならない関係の中にいて、虐待的な扱いを受けている場合は？ そんな状況下で、何ができるか。まず、認識しておかなければならないのは、相手側はあなたに、どんな仕打ちも受け入れなければならないと思い込ませようとしている点だ。巧みな人心操作に用心すること。操作がどんな結果をもたらすかは明らかだ。イーグルスの曲『ホテルカリフォルニア』に「いつでもチェックアウトはできるが、決してそこから出ていくことはできない」というフレーズがある。[注10] しかし、あなたはそこから確実に出ていける。

搾取、虐待、嫌がらせを受けることは、人間の権利である「尊重」と「許可」が否定されていることを意味する。その状態が変わらないのなら、自分自身に「インクルージョン安全性」を提供しよう。その結果として孤立し、経済的に多くを失い、誤解され、名声が傷つくこともあるだろう。私は職業柄、最悪な形の心理的テロリズムに遭遇したし、そのテロ行為が自尊心を破壊し、やる気と創造性を失わせるのを目の当たりにしてきた。強欲で抑えきれない野望に駆られ、経済的、あるいは精神的な破壊をしていることに何の罪悪感も覚えないビジネスパーソンの相手をしてきた。私があまりにお人好しだったため、隠れた動機や悪意の警告サインに気づけなかったケースもある。私たちの誰もが、不安なリーダー、残忍な偽善者、私腹を肥やそうとする小悪党に搾取された経験があり、遅かれ早かれ、傷つけられ屈辱を受ける「レッドゾーン」を泳いでいることに気づく。

そして私たちは、互いに傷つけ合うようになる。「はじめに」で指摘したように、人は誰もが傷つき、同時に罪も犯している。しかし、痛みが意図的かつ継続的に加えられていたら、それは虐待だ。境界線をしっかりと引き、関わり方を見直すべきだ。私には、虐待で受けた大きな苦しみを癒やす力はないが、現実の脅威が危機的であることは十分に理解している。ボランティア活動を通じて、私は悲惨な状況にある虐待被害者を支援し、彼らを取り囲む環境のむごたらしさを見てきた。結局のところ、私たちは自分たち自身を助けることができるし、助けなければならない。

人間は誰もが特別な存在だ。実際に受け入れられるかどうかに関係なく、あなたには受け入れられてしかるべき価値がある。「人間である」という条件だけで十分だ。ただし、自分で自分を守る必要はある。そのためのアドバイスを紹介しよう。

- **まず自分を愛する。** 自分自身に「インクルージョン安全性」、つまり提供されてしかるべき「尊重」と「許可」を与える。周りがあなたに心理的安全性を与えなければ、あなた自身が、環境を変える努力をしながら自身に心理的安全性を与えよう。
- **周りの人々の動機に注意する。** 誰かがあなたに対して悪意から行動していることに気づいたら、たとえそれが軽微なものでも、早い段階で対処し、状況を変えるよう努めよう。
- **虐待的な扱いを受ける正当な理由があると考えてはならない。** それは嘘だ。あらゆる手段を使って自分を守ろう。

・**抵抗しながら回復力を身につける。**不健全な扱いから自分を解放するために、健全な方法を用いて戦う。社会的あるいは精神的に迫害を受けた人は、痛み、怒り、罪悪感、自己嫌悪、悲しみなどから、不健全な方法で反応しやすい。それは事態を悪化させるだけだ。薬物やあらゆる種類の自傷行為、自堕落を避けよう。自分を傷つけてはいけない。

・**誰かに支配され、人心操作され、閉じ込められていると感じ、逃れる手段が見つからない場合には、すぐにその場を去る方法を探そう。**その際、自分が悪いと考えてはならない。傷はいずれ回復し、すべてを乗り越えることができるだろう。

・**あなたの成功を心から望み、サポートしてくれる信頼できる幸せな人々を見つけてつながるよう心がける。**何かを決断したり、選択で心が揺れたりしているときには、そうした人々に相談しよう。

Key Question

重要な質問

あなたは偽りの友情の国に閉じ込められたと感じた経験があるか？
そこにどのぐらい滞在し、どうやって出国したか？

毎日600億回の交流

全世界の80億人が毎日、推定600億回も交流している。それぞれの交流の中で私たちは「尊重」と「許可」を調節して、心理的安全性のレベルを決めている。そうした一つひとつの交流は、人間の潜在能力を育むか無視するかのいずれかだ。

心理的安全性が高ければ高いほど、私たちは豊かなつながり、帰属意識、コラボレーションから、多くの報酬を受け取ることができる。逆に、心理的安全性が低ければ低いほど、孤立のつらさと痛みに苦しめられる。

私たちが生きているこの複雑な社会的マトリックスこそが最大の難問であり、まるで誰もが霧の中で立ち往生しているようだ。私たちは、自ら敵対的な関係をつくり出しながら、精神的に傷つき、時折どころか絶え間なく血を流している。私たちは中世に生きているのだろうか？　知的に成熟したのではないのか？

心理的安全性は、仲間を「尊重」し、所属と貢献の「許可」を与えるという道徳的基盤の上に成り立つ。これは、倫理的な不正行為を見逃すとか、スキルやパフォーマンスを評価しないという意味ではない。私たちの誰にも責任があり、それを果たさなければならない。しかし、価値という点では、人は人であるという理由で「尊重」されるべきだ。互いの価値を否定したり、モノと見なしたり、非人間的に扱ったりした瞬間、私たちは人間性を見失ってしまう。「会社を経営していて成果を出さないといけないから」とか「私は重要な存在だから」というのは言い訳にすぎない。「リスクが大きすぎるから」「プレッシャーにさらされているから」「そうする理由があるから」「自分は精神的に弱いから」なども同様だ。心理的安全性を広げない言い訳をする人は、人間よりもほかのものに価値を見いだしていることになる。少し前に、通信大手のフランス・テレコム［現オランジュ］で組織的な嫌がらせに耐えかねて35人の従業員が自ら命を絶った事件があった。[注11] 同社の経営陣は、協力的で人間味のある環境をつくる代わりに、地位の低い従業員から人間性を奪い、組織的に抑圧していた。それが悲惨な結果につながった。

私たちは自己満足のぬるま湯に浸かり、自らの良くない行動を、性格、ワークスタイル、プレッシャー、ストレス、不安、締切、恵まれない過去などのせいにすることがある。しかし、私たちにそんなことをする資格はない。誰も、特別な地位を主張することはできない。他人に心理的安全性を認めないのは、自分が特別な地位にいると主張しているのと変わらない。自分の価値観や方針を共有しない人々に対して、寛容さや政治的な正しさの衣をまとって糾弾するのも同じことだ。

ハーバード大学で75年、4世代にわたり続けられてきた人の幸福に関する研究で、私たちの誰もが直感で気づいていることが、改めて証明された。この研究の責任者ロバート・ウォルディンガーは、こう要約している。「この75年の研究から得られた最も明らかなメッセージは、良好な人間関係が私たちを幸せに、そして健康にすることだ」[注12]。結局のところ、私たちに継続的な幸せをもたらすのは、人とのつながりだ。人とのつながりには回復力と治癒力がある。人間関係の構築こそが薬のいらない治療であり、真の救済行為と言える。

心理的安全性を提供できるリーダーが求められている

「人間の可能性」という言葉を聞くと、あなたは何を思い浮かべるだろうか。家族、友人、隣人、同級生、仕事仲間など、周りにいる人の秘められた可能性について考えてみよう。皮肉なことに、あなたが彼らの可能性について考えるかどうかに関係なく、あなたは彼らの可能性に影響を与え、ほかの人々もあなたの潜在能力に深く影響している。あなたが最も多くの時間をともに過ごす人が、あなたが最も強く影響を与えている相手だ。しかし、あまり会わない人、あるいは1回しか会ったことがない相手でさえ、あなたによって大きな影響を受けることがある。ほんの少し言葉を交わすだけで、人生が変わることもある。人との関わり合いの中で、私たちは可能性を育むことも、潰すこともできる。だからこそ、心理的安全性のコンセプトに立ち戻る必要がある。

今後、チームや組織に、高いレベルの心理的安全性を確保できるリーダーがますます求められるようになるだろう。激変する環境で競争に勝ち残るには継続的なイノベーションが不可欠であり、自然の成り行きとして、それが実現できるリーダーが必要になる。また、エゴと支配欲の塊のような上司を何人も見てきた人たちが、そのようなリーダーを望むのは当然のことだ。

Key Concept

重要コンセプト

個人レベルでは、私たちは個人的な充足と幸せを必要とする。組織レベルでは、イノベーションと持続的な競争優位性が必要だ。

数多くの優れた組織がどんなリーダーを選んでいるか観察すると、大きな変化が起き始めていることがわかる。それは「カリスマ性があり、ビジョンや答えを導き出し、強力に推進する人」という従来のリーダーの定義とはまったく違う。実際、伝統的なリーダー像、すなわち自信満々で声が大きいという特性は、仕事をするうえで有害になりつつある。新たなリーダー像の特徴は、優れた感情的知性を持ち、エゴを巧みに制御できることだ。

Key Question

重要な質問

あなたは旧来型のリーダーシップを実践しているか。それとも、さらに前進して、感情的知性と制御されたエゴを特徴とするリーダーシップに進化できているか？

最近では数多くの研究が、感情的知性が組織に心理的安全性をもたらし、それが媒介役となってイノベーションが加速することを証明している。競争が激烈な分野では、イノベーションこそが生き残りの鍵であり、成長の原動力だ。したがって、21世紀のリーダーはそのような環境下で、コラボレーションと創造的摩擦と謙虚さの手本として活躍しなければならない。

工業化時代を彩った命令・統制タイプの概念や、温情的なパターナリズムという考え方は、どちらも自己検閲の本能を呼び覚まし、イノベーションの能力を押し殺すため、消えゆく運命にある。「率直さ」に対する寛容を養わなければ、リーダーはメンバーに対して自発的に努力するよう説得することはできない。メンバーはすでに、あらゆる脅威に対して過敏になっている。そのため、リーダーを選ぶ際に最も重要な問いはこうだ。「この人物は心理的安全性を確保し、イノベーションを起こせるだろうか？　それとも心理的安全性を破壊し、イノベーションを抑圧するだろうか？」。マイクロソフトのCEOサティア・ナデラは、従業員宛ての手紙で心理的安全性の精神について説明し、インクルージョンとイノベーションへの道についてこう語った。「私たちはともに、人間であるという共通点を受け入れ、すべての人に尊重と共感と

機会を提供する社会の創造を目指さなければならない」[注13]

社会にはさまざまなグループが共存している。それが現実だ。私たちは個人や民族の差を超えて、「人類という家族に属する」という最も重要な結びつきを、中心的な絆として大切にしようではないか。

ここで本書の冒頭に戻ってみよう。私は皆さんに、見知らぬ人や偏見や先入観を持っている相手に対してどう振る舞うかを考え、自分自身の棚卸しをしてほしいと呼びかけた。

1　インクルージョン安全性――あなたはインクルージョンの境界を越え、違いを橋渡しし、自分の組織に他者を招き入れる覚悟ができているか？

2　学習者安全性――あなたはメンバーに学習を促す準備ができているか？

3　貢献者安全性――あなたは、貢献し結果を出すために必要な自律性を、メンバーに与える準備ができているか？

4　挑戦者安全性――あなたには、イノベーションの境界を越え、現状打破に挑戦しイノベーションを起こそうとする人に援護射撃をする用意ができているか？

最後に、心理的安全性に関する古い事例を紹介しよう。あなたの信じる宗教に関係なく、この物語はとても力強い。新約聖書の『使徒言行録』でユダヤ人のペテロがローマ軍の百人隊隊長コルネリウスのもとに連れていかれるシーンがある。ペテロは、ユダヤ人でない者は品がなく不潔だと言われて育ってきた。そんな偏見と先入観が浸透した社会でずっと生きてきた。ところが、出会ったばかりのコルネリウスに、ペテロはこう言った。「ご存じのように、ユダヤ人は外国人と交際したり、訪問したりすることが法で禁じられています。ですが、神は私に、どんな人に対しても清くない者とか、汚れている者とか言ってはならないと示されました[注14]」

アレキサンダー大王は「征服すべき世界はもう残っていない」と言ったことで知られている。しかし、少なくとも一つは存在する。それは、互いに征服し合おうとする衝動だ。

人生における最大の充足感は、他者を受け入れ、その人の学習と成長を促し、その潜在能力を解き放ち、深い交流を実現することから生まれる。それが秘訣だ。さあ、周りを見回し、新鮮な目で人々を見つめてみよう。

重要コンセプト一覧

List of Key Concepts

- パターナリズムと搾取は、組織を恐怖で満たす。
- 不必要なパターナリズムは依存性と無力感を強め、欲求不満と反発を助長する恐れがある。
- 個人の場合も、組織の場合も、搾取には、人心操作や強制を通じて人から価値を抽出するために、何らかの抑圧的な手段が用いられる。
- 搾取とは、他の人から価値を絞り取り、その人間が本来持っている価値を無視することだ。
- 私たちは、それが間違った種類のものでも、周りから注目されることを切望する。注目されるだけでは決して満足しないが、注目によって深く傷つくこともある。
- 偽りの友情の国では、不自然な競争が自然な愛情に取って代わる。
- 個人レベルでは、私たちは個人的な充足と幸せを必要とする。組織レベルでは、イノベーションと持続的な競争優位性が必要だ。

重要な質問一覧

List of Key Questions

- あなたはチームや個人に対して、誤ったパターナリズムを適用したことはあるか？　そうする理由は？
- あなたはグループや個人に対して、搾取的な態度を示すことがあるか？　そうする理由は？
- あなたは偽りの友情の国に閉じ込められたと感じた経験があるか？　そこにどのぐらい滞在し、どうやって出国したか？
- あなたは旧来型のリーダーシップを実践しているか。それとも、さらに前進して、感情的知性と制御されたエゴを特徴とするリーダーシップに進化できているか？

謝辞

高いレベルの心理的安全性を確保し、メンバーから期待以上のパフォーマンスを引き出している影響力豊かなリーダーたちに感謝する。妻のトレイシーには心から敬意を表したい。彼女はすべての人々を優しく包み込み、真実の愛を差し向けてきた。まさに、心理的安全性をつくり維持するスキルを身につけた模範的モデルであり、家庭を私と私の子どもたちの聖域にしてくれた。

本書の執筆において心理的安全性をもたらしてくれたベレットコーラー出版の編集長ニール・マイエと彼のチームにも感謝している。彼は「創造的摩擦」と「細かな気配り」を組み合わせて、私が最善を尽くせる環境を整えてくれた。私のために素晴らしいコラボレーション文化をつくってくれたベレットコーラーのチームにも謝意を述べたい。カレン・セリグチ（原稿の校正）、リー・マクレラン（デザインと構成）、トラヴィス・ウー（表紙デザイン）にも感謝している。そして最後に、私の使命は、あらゆる人間関係において心理的安全性を確保し保つことだと教えてくれた子どもたちへ。ありがとう。

原　注

はじめに

1　新米としての私の経験は、数多くの変化、コントラスト、驚きであふれていた。以下を参照。Louis, Meryl Reis. "Surprise and Sense Making: What Newcomers Experience in Entering Unfamiliar Organizational Settings." *Administrative Science Quarterly* 25, no. 2 (1980): 226-51.

2　C. Wright Mills, *The Power Elite*, new edition (New York: Oxford University Press, 1956, 2000), 9.

3　Robert Conquest, *History, Humanity, and Truth: The Jefferson Lecture in the Humanities* (Stanford, CA: Hoover Press, 1993), 7.

4　イマヌエル・カントが、市民の自由が知的自由を可能にするという先駆的な議論を提示している。以下を参照。*Kant: Political Writings*, Hans Reiss, ed., Cambridge: Cambridge University Press, 2010, p. 59)

5　Moyers & Company, "Facing Evil with Maya Angelou," September 13, 2014, video, 31:00, https://archive.org/details/KCSM_20140914_020000_Moyers__Company/start/0/end/60.

6　Jake Herway, "How to Create a Culture of Psychological Safety," *Workplace*, December 7, 2017, http://news.gallup.com/opinion/gallup/223235/create-culture-psychological-safety.aspx.

7　Langston Hughes, *Selected Poems of Langston Hughes* (New York: Vintage Classics, 1959), 20.

8　Hannah Arendt, *Men in Dark Times* (New York: Harcourt Brace, 1993), 4.

9　Thomas Hobbes, *Leviathan*, in *The Harvard Classics: French and English Philosophers: Descartes, Rousseau, Voltaire, Hobbes*, ed. Charles W. Eliot (New York: F. F. Collier & Son, 1910), 385.

10　Rowan Williams, address to Wheaton College Theology Conference, April 6, 2018, video, 49:13, https://www.youtube.com/watch?v=R58Q_Q3KEnM.

11　Matthew Stewart, "The 9.9 Percent Is the New American Aristocracy," *The Atlantic*, June 2018, https://www.theatlantic.com/magazine/archive/2018/06/the-birth-of-a-new-american-aristocracy/559130/.

12　以下を参照。W. B. Yeats, "The Circus Animal's Desertion."

イントロダクション

1　以下を参照。Amy Edmondson, "Psychological Safety and Learning Behavior in Work Teams," *Administrative Science Quarterly* 44, no. 2 (June 1999): 350-383, http://web.mit.edu/curhan/www/docs/Articles/15341_Readings/

Group_Performance/Edmondson%20Psychological%20safety.pdf. 心理的安全性に関する文献のレビューについては以下を参照。Alexander Newman, Ross Donohue, Nathan Evans, "Psychological Safety: A Systematic Review of the Literature," *Human Resource Management Review* 27, no. 3 (September 2017): 521-535, https://www.sciencedirect.com/science/article/abs/pii/S1053482217300013; Amy C. Edmondson and Zhike Lei, "Psychological Safety: The History, Renaissance, and Future of an Interpersonal Construct," *Annual Review of Organizational Psychology and Organizational Behavior* 1 (March 2014): 23-43; William A. Kahn, "Psychological Conditions of Personal Engagement and Disengagement at Work," *The Academy of Management Journal* 33, no. 4 (December 1990): 692-724.

2 Carl R. Rogers, "The Necessary and Sufficient Conditions of Therapeutic Personality Change," *Journal of Consulting Psychology* 21 (1957): 95-103.

3 Douglas McGregor, *The Human Side of Enterprise* (New York: McGraw-Hill, 1960), 37. 全文はこうである。"When a man's physiological needs are satisfied and he is no longer fearful about his physical welfare, his social needs become important motivators of his behavior. These are such needs as those for belonging, for association, for acceptance by one's fellows, for giving and receiving love."

4 Herbert A. Simon, *Administrative Behavior* (New York: The Free Press, 1997), 214.

5 Abraham H. Maslow, "A Theory of Human Motivation," *Psychological Review* 50 (1943): 380

6 Eric Fromm, *Escape from Freedom* (New York: Holt, Rineholt and Winston, 1941)の第1章を参照。

7 Arlie Russell Hochschild, *The Managed Heart: Commercialization of Human Feeling.* (Berkeley: University of California Press, 1983), 56.

8 以下を参照。Charles Duhigg, "What Google Learned from Its Quest to Build the Perfect Team," *New York Times*, February 25, 2016, https://www.nytimes.com/2016/02/28/magazine/what-google-learned-from-its-quest-to-build-the-perfect-team.html. Google's Project Aristotle, accessed August 1, 2019, https://rework.withgoogle.com/print/guides/5721312655835136/.

9 Celia Swanson, "Are You Enabling a Toxic Culture Without Realizing It?" *Harvard Business Review*, August 22, 2019. https://hbr.org/2019/08/are-you-enabling-a-toxic-culture-without-realizing-it.

10 American College Health Association, "National College Health Assessment Executive Summary," Fall 2017, https://www.acha.org/documents/ncha/NCHA-II_FALL_2017_REFERENCE_GROUP_EXECUTIVE_SUMMARY.pdf.

11 以下を参照。Marshall Sahlins, "The Original Affluent Society" (abridged) in *The Politics of Egalitarianism: Theory and Practice, ed. Jacqueline Solway* (New York: Berghahn Books, 2006), 78-98.

12 William James, *The Principles of Psychology* (Boston, 1890).

13 Holly Hedegaard, Sally C. Curtin, and Margaret Warner, *Suicide Mortality in the United States*, 1999-2017, NCHS data brief no. 330 (Hyattsville, MD: National Center for Health Statistics, Centers for Disease Control, November 2018), https://www.cdc.gov/nchs/data/databriefs/db330-h.pdf.

14 Albert Camus in *More Letters of Note: Correspondence Deserving of a Wider Audience*, compiled by Shaun Usher (Edinburgh: Canongate and Unbound, 2017), 279.

15 Paul Petrone, "The Skills Companies Need Most in 2019," *LinkedIn Learning*, accessed August 1, 2019, https://learning.linkedin.com/blog/top-skills/the-skills-companies-need-most-in-2019--and-how-to-learn-them.

16 Rita Gunther McGrath, "Five Ways to Ruin Your Innovation Process," *Harvard Business Review*, June 5, 2012, https://hbr.org/2012/06/five-ways-to-ruin-your-inno.

17 Scott D. Anthony et al., "2018 Corporate Longevity Forecast: Creative Destruction Is Accelerating," *Innosight*, 2018, 2. https://www.innosight.com/wp-content/uploads/2017/11/Innosight-Corporate-Longevity-2018.pdf.

第1段階　インクルージョン安全性

1 *The Impact of Equality and Values Driven Business*, Salesforce Research, 12, accessed August 5, 2019, https://c1.sfdcstatic.com/content/dam/web/en_us/www/assets/pdf/datasheets/salesforce-research-2017-workplace-equality-and-values-report.pdf.

2 以下を参照。William Law, *A Serious Call to a Devout and Holy Life* (n.p.: ReadaClassic, 2010), 244. 著者のローは「人の功績に依存してはならない」と強調している。

3 以下を参照。Amartya Sen, *Identity and Violence: The Illusion of Destiny* (New York: W. W. Norton, 2006), 2-3.

4 John Rawls, *A Theory of Justice* (Oxford: Oxford University Press, 1972), 5.

5 これこそ、ロールズが思考実験で述べているように、「無知のヴェール」の奥に「本当の立場」を提議しなければならないときに、私たちの誰もが選択することだ。

6 Jia Hu et al., "Leader Humility and Team Creativity: The Role of Team Information Sharing, Psychological Safety, and Power Distance," *Journal of Applied Psychology* 103, no. 3(2018): 313-323.

7 Henry Emerson Fosdick, *The Meaning of Service* (New York: Association Press, 1944), 138.

8 以下を参照。Isaiah Berlin, *Concepts and Categories: Philosophical Essays* (Oxford: Oxford University Press, 1980), 96.

9 Alex "Sandy" Pentland, "The New Science of Building Great Teams," *Harvard Business Review*, April 2012, https://hbr.org/2012/04/the-new-science-of-building-great-teams.

10 Edgar Schein, *Organizational Culture and Leadership* (San Francisco: Jossey-Bass, 2004), 15.

11 Vaclav Havel, *The Power of the Powerless* (New York: Vintage Classics, 2018), iv.

12 Aristotle, *The Politics of Aristotle*, vol. 1, trans. B. Jowett (Oxford: Clarendon Press, 1885), 3.

13 David McCullough, *John Adams* (New York: Simon & Schuster, 2001), 170.

14 トーマス・ジェファーソン自身は、自分が生物学的に優れていると信じていた。以下を参照。*Notes on the State of Virginia*, 1781, accessed August 1, 2019, https://docsouth.unc.edu/southlit/jefferson/jefferson.html.

15 EY, "Could Trust Cost You a Generation of Talent," accessed August 9, 2019, https://www.ey.com/Publication/vwLUAssets/ey-could-trust-cost-you-a-generation-of-talent/%24FILE/ey-could-trust-cost-you-a-generation-of-talent.pdf.

16 Robert Putnam, *Bowling Alone: The Collapse and Revival of American Community* (New York: Simon & Schuster, 2000), 21.

17 Ferdinand Tönnies, *Gemeinschaft und Gesellschaft* (Leipzig, Germany: Fues's Verlag, 1887). An English translation of the 8th edition (1935) by Charles P. Loomis appeared as *Fundamental Concepts of Sociology* (New York: American Book Co., 1940).

18 James MacGregor Burns, *Leadership* (New York: Perennial, 1978), 11.

19 Carol Dweck, *Mindset: The New Psychology of Success* (New York: Random House, 2006), 121.

20 Franz Kafka, *Letters to Friend, Family, and Editors*, Richard and Clara Winston, editors, (New York: Schoken Books, 1977), 16.

21 Nathaniel Branden, *The Six Pillars of Self-Esteem* (Bantam: New York, 1994), 7.

22 以下を参照。Edward H. Chang et al., "The Mixed Effects of Online Diversity Training," *Proceedings of the National Academy of Sciences*, 116, no. 16 (April 16, 2019): 7778-7783; first published April1,2019, https://doi.org/10.1073/pnas.1816076116.

23 Paul Ekman and Richard J. Davidson, "Voluntary Smiling Changes Regional Brain Activity," *Psychological Science* 4, no. 5 (September 1993): 342-45, https://doi.org/10.1111/j.1467-9280.1993.tb00576.x.

24 以下を参照。Oscar Peterson, "Hymn to Freedom,"　その歌詞にはこうある。「すべての心がすべての心と結びつき、ともに自由を望むとき、私たちは自由になれる」

第2段階　学習者安全性

1 Tony Miller, "Partnering for Education Reform," U.S. Department of Education, accessed February 18, 2015, https://www.ed.gov/news/speeches/partnering-education-reform.

2 以下を参照。James. J. Heckman, "Catch'em Young," *Wall Street Journal*, January 6, 2006. https://www.wsj.com/articles/SB113686119611542381.

3 Robert Balfanz and Nettie Legters, *Locating the Dropout Crisis* (Baltimore: Center for Research on the Education of Students Placed at Risk, Johns Hopkins University, September 2004), accessed August 1, 2019, https://files.eric.ed.gov/fulltext/ED484525.pdf

4 この部分は、2014年から2019年にかけて行った私の個人的な取材と2019年に実施した授業参観に基づいている。公平性の観点から、クレイグは私の5人の子の微積分の担当教師だったことを、ここで明らかにしておく。

5 たとえば、大学でコンピューターサイエンスやSTEM（科学、技術、工学、数学）を専攻する女性の数が極端に少ないのはなぜだろうか？　女性は、幼稚園から高校までの数学の標準テストでは男性と同等の成績を収め、学士号取得者の57%が女性であるにもかかわらず、これらの分野で男性ほど優秀でないという無意識のバイアスが存在することが、間違いなく格差の一因である。以下を参照。Thomas Dee and Seth Gershenson, Unconscious Bias in the Classroom: Evidence and Opportunities (Mountain View, CA: Google's Computer Science Education Research, 2017), accessed August 1, 2019, https://goo.gl/06Btqi. David M. Amodio, "The Neuroscience of Prejudice and Stereotyping," *Nature Reviews Neuroscience* 15, no. 10 (2014): 670-682.

6 Jenna McGregor, "Nobel Prize-Winning Psychologist to CEOs: Don't Be So Quick to Go with Your Gut," *Washington Post*, March 4, 2019, https://www.washingtonpost.com/business/2019/03/04/nobel-prize-winning-psychologist-ceos-dont-be-so-quick-go-with-your-gut/?utm_term=.b1cfde227f5e.

7 C. Roland Christensen, *Education for Judgment*, (Boston: Harvard Business Review, 1991), 118.

8 Claude M. Steele, *Whistling Vivaldi: How Stereotypes Affect Us and What We Can Do* (New York: W. W. Norton & Co., 2010), 46.

9 2019年2月14日に行った授業参観より。

10 以下を参照。Jenny W. Rudolph, Daniel B. Raemer, and Robert Simon, "Establishing a Safe Container for Learning in Simulation: The Role of the Presimuation Briefing," *Journal of the Society for Simulation in Healthcare* 9, no. 6 (December 2014): 339-349. スミスの教室が安全なコンテナになる。

11 以下を参照。Ernest Hemingway's short story "A Clean, Well-Lighted Place." クレイグのやり方をもとに、アスペン研究所が次のレポートを発表した。*A Nation at Hope*, accessed March 12, 2019, http://nationathope.org/.

12 C. Roland Christensen, "Premises and Practices of Discussion Teaching," in *Education for Judgment: The Artistry of Discussion Leadership*, C. Roland Christensen and David A. Garvin, eds. (Boston: Harvard Business Review, 1991), 15-34.

13 Babette Bronkhorst, "Behaving Safely under Pressure: The Effects of Job Demands, Resources, and Safety Climate on Employee Physical and Psychosocial Safety Behavior," *Journal of Safety Research* 55 (December 2015): 63-72.

14 *Fast Company*, "Bill Gates on Education: 'We Can Make Massive Strides,'" April 15, 2013, https://www.fastcompany.com/3007841/bill-gates-education-we-can-make-massive-strides.

15 Education World, "How Can Teachers Develop Students' Motivation and Success: Interview with Carol Dweck," accessed August 10, 2019, https://www.educationworld.com/a_issues/chat/chat010.shtml.

16 Richard Florida, *The Rise of the Creative Class* (New York: Basic Books, 2002), 24.

17 Malcolm S. Knowles, "Adult Learning" in *The ASTD Training and Development Handbook: A Guide to Human Resource Development*, Robert L. Craig, ed., 4th ed. (New York: McGraw-Hill, 2004), 262.

18 Amy C. Edmondson. "Making It Safe: The Effects of Leader Inclusiveness and Professional Status on Psychological Safety and Improvement Efforts in Health Care Teams," *Journal of Organizational Behavior* 27, no. 7 (2006): 941-966.

19 以下を参照。Roderick M. Kramer and Karen S. Cook, eds., *Trust and Distrust in Organizations: Dilemmas and Approaches* (New York: Russell Sage Foundation, 2004).

第3段階　貢献者安全性

1 Vincent H. Domine, "Team Development in the Era of Slack" *INSEAD Knowledge*, May 24, 2019, https://knowledge.insead.edu/blog/insead-blog/team-development-in-the-era-of-slack-11611.

2　以下を参照。Claude M. Steele and Joshua Aronson, "Stereotype Threat and the Intellectual Test Performance of African Americans," *Journal of Personality and Social Psychology* 69, no. 5 (November 1995): 797-811.

3　以下を参照。Steven R. Harper and Charles D. White, "The Impact of Member Emotional Intelligence on Psychological Safety in Work Teams," *Journal of Behavioral & Applied Management* 15, no. 1 (2013): 2-10.

4　Amy Edmondson, *The Fearless Organization: Creating Psychological Safety in the Workplace for Learning, Innovation, and Growth* (New York: Wiley, 2019), chap. 4.

5　以下を参照。Christopher J. Roussin et al., "Psychological Safety, Self-Efficacy, and Speaking Up in Interprofessional Health Care Simulation," *Clinical Simulation in Nursing* 17 (April 2018): 38-46.

6　Jim Harter, "Dismal Employee Engagement Is a Sign of Global Mismanagement," *Gallup Workplace*, accessed August 1, 2019, https://www.gallup.com/workplace/231668/dismal-employee-engagement-sign-global-mismanagement.aspx.

7　Aristotle, *The Nicomachean Ethics, in The Complete Works of Aristotle: The Revised Oxford Translation*, ed. Jonathan Barnes, rev. by J. O. Urmson Ross, vol. 2 (Oxford University Press, 1984), 1107.

第4段階　挑戦者安全性

1　以下を参照。Carl R. Rogers and F. J. Roethlisberger, "Barriers and Gateways to Communication." *Harvard Business Review*, November-December 1991, https://hbr.org/1991/11/barriers-and-gateways-to-communication.

2　Marcus Du Sautoy, *The Creativity Code: Art and Innovation in the Age of AI* (Cambridge, MA: Belknap Press, 2019), 11.

3　Edward O. Wilson, *The Origins of Creativity* (New York: Liveright publishers, 2017), 1.

4　Ben Farr-Wharton and Ace Simpson, "Human-centric Models of Management Are the Key to Ongoing Success," *The Sydney Morning Herald*, May 24, 2019, https://www.smh.com.au/business/workplace/human-centric-models-of-management-are-the-key-to-ongoing-success-20190520-p51p82.html.

5　Edgar Schein, *Humble Inquiry* (San Francisco: Berrett-Koehler, 2013), 64.

6　Chris Argyris, "Good Communication That Blocks Learning," *Harvard Business Review*, July-August 1994, https://hbr.org/1994/07/good-communication-that-blocks-learning.

7　Chia Nakane, *Japanese Society* (Berkeley: University of California Press, 1972), 13.

8 Abraham Carmeli et al., "Learning Behaviors in the Workplace: The Role of High-Quality Interpersonal Relationships and Psychological Safety," *Systems Research and Behavioral Science* 26, no. 25 (November 2008): 81-98.

9 Abraham Maslow, "Safe Enough to Dare," in *Toward a Psychology of Being*, 3rd ed. (New York: Wiley, 1998), 65.

10 Duena Blostrom, "Nobody Gets Fired for Buying IBM, but They Should," blog post, January 1, 2019, https://duenablomstrom.com/2019/01/01/nobody-gets-fired-for-buying-ibm-but-they-should/.

11 Andrew Hargadon and Robert I. Sutton, "Building an Innovation Factory," *Harvard Business Review*, May-June 2000, https://hbr.org/2000/05/building-an-innovation-factory-2.

12 Adam Lashinsky, "The Unexpected Management Genius of Facebook's Mark Zuckerberg," *Fortune*, November 10, 2016, accessed August 11, 2019, https://fortune.com/longform/facebook-mark-zuckerberg-business/.

13 Alison Beard, "Life's Work: An Interview with Brian Wilson," *Harvard Business Review*, December 2016, accessed August 11, 2019, https://hbr.org/2016/12/brian-wilson.

14 Yuval Noah Harari, *21 Lessons for the 21st Century* (New York: Spiegel & Grau, 2018), 223.

15 Jeff Dyer, Hal Gregersen, and Clayton M. Christensen, *The Innovator's DNA: Mastering the Five Skills of Disruptive Innovators* (Boston: Harvard Business School Press, 2011), 46-49.

16 Vivian Hunt, Dennis Layton, and Sara Prince, *Diversity Matters* (New York: McKinsey & Company, February 2, 2015), 14, https://assets.mckinsey.com/~/media/857F440109AA4D13A54D9C496D86ED58.ashx.

17 Peter F. Drucker, *The Effective Executive* (New York: Harper Business, 1996), 152.

18 Dotan R. Castro et al., "Mere Listening Effect on Creativity and the Mediating Role of Psychological Safety," *Psychology of Aesthetics, Creativity, and the Arts* 12, no. 4 (November 2018): 489-502.

19 Mihaly Csikszentmihalyi, *Creativity: Flow and the Psychology of Discovery and Invention* (New York: Harper Perennial, 1997), 11.

20 Jennifer Luna, "Oscar Munoz: Learn to Listen, Improve Your EQ," *Stanford Business*, January 19, 2019, https://www.gsb.stanford.edu/insights/oscar-munoz-learn-listen-improve-your-eq?utm_source=Stanford+Business&utm_campaign=44021e6e06-Stanford-Business-Issue-154-1-27-2018&utm_medium=email&utm_term=0_0b5214e34b-44021e6e06-

74101045&ct=t (Stanford-Business-Issue-154-1-27-2018).

21 Chris Argyris, "Teaching Smart People How to Learn," *Harvard Business Review*, May-June 1991, https://hbr.org/1991/05/teaching-smart-people-how-to-learn.

22 F. A. Hayek, *The Road to Serfdom* (Chicago: University of Chicago Press, 2007), 70.

23 Daisy Grewal, "How Wealth Reduces Compassion: As Riches Grow, Empathy for Others Seems to Decline," *Scientific American*, April 10, 2012, https://www.scientificamerican.com/article/how-wealth-reduces-compassion/.

24 Arthur C. Brooks, *Love Your Enemies* (New York: Broadside Books, 2019), chap. 8

25 J. R. Dempsey et al., "Program Management in Design and Development," in *Third Annual Aerospace Reliability and Maintainability Conference*, Society of Automotive Engineers,1964, 7-8.

26 Danielle D. King, Ann Marie Ryan, and Linn Van Dyne, "Voice Resilience: Fostering Future Voice after Non-endorsement of Suggestions," *Journal of Occupational and Organizational Psychology* 92 no. 3 (September 2019). 535-565, available at https://onlinelibrary.wiley.com/doi/full/10.1111/joop.12275.

おわりに　パターナリズムと搾取の回避

1 Elisabeth Noelle-Neumann, "The Spiral of Silence: A Theory of Public Opinion," *Journal of Communication* 24, no. 2 (June 1974): 43-51.

2 Gerald Dworkin, "Paternalism," in *Stanford Encyclopedia of Philosophy*, 2017, accessed January 5, 2019, https://plato.stanford.edu/entries/paternalism/.

3 以下を参照。Edward L. Deci and Richard M. Ryan, *Intrinsic Motivation and Self-Determination in Human Behavior* (New York: Plenum Press, 1885).

4 "How Many Nonprofit Colleges and Universities Have Closed Since 2016?" *EducationDive*, accessed June 17, 2019, https://www.educationdive.com/news/tracker-college-and-university-closings-and-consolidation/539961/.

5 Milton Friedman, "The Social Responsibility of Business to Increase Its Profits," *New York Times Magazine*, September 13, 1970, http://umich.edu/~thecore/doc/Friedman.pdf?mod=article_inline.

6 Alexander Solzhenitsyn, *The Gulag Archipelago* (New York: Harper & Row, 1973), 24.

7 Christine Porath and Christine Pearson, "The Price of Uncivility," *Harvard Business Review*, January-February 2013, https://hbr.org/2013/01/the-

price-of-incivility.

8 Terry Warner, *Socialization, Self-Deception, and Freedom through Faith* (Provo, UT: Brigham Young University Press, 1973), 2.

9 Carol S. Dweck, *Mindset: The New Psychology of Success* (New York: Random House, 2006), 117.

10 Don Henley and Glenn Frey, "Hotel California," 1977.

11 Adam Nossiter, "35 Employees Committed Suicide. Will Their Bosses Go to Jail?" *New York Times*, July 9, 2019, https://www.nytimes.com/2019/07/09/world/europe/france-telecom-trial.html.

12 Robert Waldinger, "What Makes a Good Life? Lessons from the Longest Study on Happiness," *TED*, uploaded January 25, 2016, video, 12:46, https://www.youtube.com/watch?v=8KkKuTCFvzI.

13 Harry McCraken, "Satya Nadella Rewrites Microsoft's Code," *Fast Company*, September 8, 2017, https://www.fastcompany.com/40457458/satya-nadella-rewrites-microsofts-code.

14 Acts 10:28, *Holy Bible, King James Version*.

著者紹介

ティモシー・R・クラーク

Timothy R. Clark

グローバルで活躍する人材のリーダーシップ・コンサルティング、トレーニング、評価を手がける米リーダーファクター（LeaderFactor）の創業者兼CEO。5冊の本を執筆し、感情的知性（EQ）の評価・学習のプラットフォーム「EQometer™」を開発した。オックスフォード大学で社会科学の博士号を取得している。

訳者紹介

長谷川 圭

Kei Hasegawa

英語・ドイツ語翻訳家。高知大学卒、イエナ大学修士課程修了。訳書に『フォルクスワーゲンの闇』『10%起業』『邪悪に堕ちたGAFA』（以上、日経BP）、『This is Lean』『ラディカル・プロダクト・シンキング』（以上、翔泳社）、『GEのリーダーシップ』（光文社）などがある。

Author photo by Chelsie Starley

4段階で実現する心理的安全性
行動ガイド
(The 4 Stages of Psychological Safety™ Behavioral Guide)

組織で心理的安全を実現するための追加情報をご希望の方は、「4段階で実現する心理的安全性行動ガイド」を以下のサイトからダウンロードしてください[英語です]。

https://www.leaderfactor.com/resources/the-4-stages-behavioral-guide

あなたのチームの
「4段階の心理的安全性」を測定しよう
(Measure Psychological Safety Across The 4 Stages™)

従業員エンゲージメント調査では、企業文化の全貌が明らかになるわけではありません。心理的安全性を測定することで、企業文化の実態を知り、改善策を見いだすことができます[英語です]。

https://www.leaderfactor.com/psychological-safety-survey

4段階で実現する
心理的安全性

2023年2月20日　第1版第1刷発行

著者　ティモシー・R・クラーク
訳者　長谷川 圭
発行者　村上 広樹
発行　株式会社日経BP
発売　株式会社日経BPマーケティング
〒105-8308 東京都港区虎ノ門4-3-12
https://bookplus.nikkei.com/

カバー・本文デザイン
小口 翔平＋畑中 茜＋須貝 美咲（tobufune）
DTP・制作　河野 真次
翻訳協力　株式会社リベル
編集担当　沖本 健二
印刷・製本　中央精版印刷株式会社

ISBN 978-4-296-00138-5　Printed in Japan

本書籍に関するお問い合わせ、ご連絡は下記にて承ります。
https://nkbp.jp/booksQA